DURCH DEUTSCHLAND

Von diesem Werk wurde im September 1983 eine Auflage von 5000 Exemplaren hergestellt.

Die graphische Gestaltung des Werkes sowie der Entwurf des Schutzumschlags (unter Verwendung einer Photographie von Freudenberg bei Siegen) stammen von Christian Brandstätter.
Die technische Betreuung erfolgte durch Rudolf Metzger.

Das Zitat auf Seite 34 wurde mit freundlicher Genehmigung des Suhrkamp Verlages, Frankfurt am Main, dem Band VI (S. 1452 f.) der Gesammelten Werke von Bertolt Brecht (1967) entnommen, das auf Seite 152 mit Genehmigung des Claassen Verlages, Hamburg, dem Werk „Masse und Macht" von Elias Canetti (1960). Der Text von Martin Heidegger auf Seite 124 stammt aus dem Werk „Nachlese zu Heidegger" von Guido Schneeberger (Bern 1962).

Das Buch wurde bei C. & E. Grosser in Linz gedruckt. Die Reproduktion der Abbildungen erfolgte ebenfalls bei C. & E. Grosser, gesetzt wurde in der Walbaum, 16 auf 16 Punkt, in der RSB Fotosatz Gesellschaft m.b.H. in Wien, gebunden bei Adele Popek in Wien.
Gedruckt auf „ikonofix", 170 g/m^2, von Firma Zanders Feinpapiere AG, geliefert von Firma Josef Stiassny Papiergroßhandlung Ges.m.b.H., Wien – Brunn am Gebirge.

Alle Rechte, auch die des auszugsweisen Abdrucks oder der Reproduktion einer Abbildung, sind vorbehalten.
Copyright © 1983 by Christian Brandstätter Verlag & Edition, Wien – München
ISBN 3-85447-047-9

Christian Brandstätter Verlag & Edition Gesellschaft m.b.H. & Co KG
1080 Wien · Wickenburggasse 26 · Telephon (0222) 48 38 14–15

DURCH DEUTSCHLAND

Einleitung von Karl Markus Michel
Mit 106 Reproduktionen nach Photographien von
Hans Wiesenhofer

Edition Christian Brandstätter · Wien - München

DURCH DEUTSCHLAND
Einleitung von Karl Markus Michel

„Viele und ausgedehnte Wälder lassen stets auf eine noch junge Zivilisation schließen: auf dem seit uralter Zeit bebauten Boden der südlichen Länder erblickt man fast keine Bäume mehr, und die Sonnenstrahlen fallen lotrecht auf die durch die Menschen ihres Schmucks beraubte Erde. Deutschland dagegen zeigt noch manche Spuren einer von den Menschen unberührten Natur. Von den Alpen bis zum Meer, zwischen dem Rhein und der Donau ist das Land mit Eichen und Tannen bedeckt, von großartig schönen Strömen durchschnitten und mit Gebirgen durchzogen, die einen sehr malerischen Anblick bieten. Aber ausgedehnte Heiden, die Sandflächen, die nur zu oft verwahrlosten Wege und das rauhe Klima erfüllen anfangs die Seele mit Traurigkeit, und erst mit der Zeit entdeckt man, was an diesem Aufenthalt fesseln kann."
Germaine de Staël, *De l'Allemagne*, 1810

1. Käferkunde

„Als Gregor Samsa eines Morgens aus unruhigen Träumen erwachte, fand er sich in seinem Bett zu einem ungeheuren Ungeziefer verwandelt." Aber das war nur ein Einzelfall, in älterer Zeit. Er endete tödlich.
Als das deutsche Volk eines Morgens aus unruhigen Träumen erwachte, fand es sich ... Nein, es war nicht das ganze deutsche Volk; ein größerer Teil davon war abgespalten und wurde anderweitig verwandelt, während durch die offene Wunde millionenfach Flüchtlinge, Vertriebene, Umsiedler strömten, hinein in den westlichen Teil, wo sie, wie Aussätzige, sich mit den Ansässigen mischten. Aber waren es nur unruhige Träume, woraus dieser Volksverschnitt dann erwachte? Und war's überhaupt ein Erwachen oder vielmehr das Eintauchen in einen betäubenderen Schlaf? Gleichviel, unser Mischvolk fand sich verwandelt, wenn auch nicht in einen einzigen, ungeheuren Käfer, so doch – in was? In etwas Käferhaftes, das läuft und läuft und läuft. Es war zuvörderst eine Verwandlung in den Köpfen, die man damals noch eingezogen trug, verwirrt, verstockt, verdrossen. Mehr als diese eine Idee ging wohl nicht hinein, die Idee des Wiederaufbaus, der Wiederkehr – nennen wir sie einfach die Idee des Käfers, die dann bald, in abertausend Blechkäfern materialisiert, über die Straßen kroch, die Grenzen überrollte, den Ozean überwand, „denn heute gehört uns Deutschland und morgen die ganze Welt". Nur die westliche Welt, versteht sich, aber auf die allein blickte man; die andere hatte man im Rücken.

Es geht hier nicht so sehr um die Produktion von Gütern, vielmehr um die von Identität. Was war die politische, was die nationale Identität dieses geschichts- und gesichtslosen Landes, das sich als Provisorium verstand und sich von aller erinnerbaren Vergangenheit – nicht nur der nationalsozialistischen, auch der Weimarer und der wilhelminischen – abgewandt hatte, das in Scham und Trotz und Vergessen nur noch eines wollte: überleben, und zwar möglichst ungeschoren, vielleicht sogar anständig? Diese Frage wurde damals nicht gestellt. Und wenn sie gestellt worden wäre, hätte sie keine Antwort gefunden. Noch heute, da die Frage der westdeutschen Identität unermüdlich erörtert wird, fallen die Antworten verwirrend aus. Aber im Rückblick scheint es, als hätte es in der deutschen Geschichte kaum je eine Phase gegeben, die so dumpf „identisch" war wie die ersten fünfzehn Jahre der Bundesrepublik.

Der Schlüssel dazu ist banal: die Rundung. Überall Kurven und kleine Schwünge; Bauchiges, Gebeultes, Schwellendes. So als sollte die böse Zackigkeit von Hakenkreuz, SS-Rune und Hitlergruß durch die Gunst von Muschel, Käfer, Niere vergessen gemacht werden. In diesen Formen fand man sich wieder. Der VW-Käfer hatte dabei eine Schrittmacherfunktion. Nicht allein, daß er – im Verein mit den sanften Kurven der Autobahnen, den Kleeblättern ihrer Kreuzungen, den Pilzen ihrer Service-Pavillons – einen Rest geschichtlicher Kontinuität symbolisierte, zu dem man sich bekennen konnte. Dieses Bekenntnis war zugleich ein Wechsel auf eine bessere Zukunft: Man wollte den Käfer ja *haben,* und die Kurven dazu. Man wollte *fahren.* Aber nicht mehr für Deutschland, sondern jeder für sich. Die *persönliche* Zukunft statt der völkischen. Das *eigene* Reich. Die *private* Bewegung. So machte bald jeder seinen Führer-Schein.

Der Weg zum VW war durch Vespa, Goggomobil und dergleichen gebahnt, und jenseits lockten Borgward, Mercedes, BMW – sie alle bauchig und kurvig, so wie fast alles auch daheim in den vier Wänden, dem neuen Kleinfamilienbunker, raumsparend und stimmungsvoll. Allenthalben die kleinen Mulden und Schwellungen, an den Polstermöbeln, den Stehlampen, den Blumenständern; an Tisch und Bett und Hausbar; an Radios, Musicboxen, Kühlschränken; auf Tapetenmustern, Verlobungsanzeigen und Grabsteinen. Und wer vorwitzig über den Nierentisch lästerte, erbaute sich dafür an dem aus dem Geist der Niere gezeugten Prunkstück der Modernen Architektur, Scharouns Neuer Philharmonie in Berlin. Man war sich einig in den Kurven und Bäuchen. Im frischen Industrie-Biedermeier.

Das alles war keine spezifisch deutsche Ausgeburt, natürlich nicht (obschon die Wiege dieses Stils in Dessau gestanden hatte). Es war eine internationale Gebärde.

Aber die Qualität eines Stils erweist sich an seiner Rhetorik – in Westdeutschland bedurfte der privatisierte Funktionalismus keiner Überredungs- und Verführungskunst, um siegreich zu sein; er wuchs uns zu, umschlang uns. Und Ulm? Ach, Ulm! Der Hohen Schule für Gestaltung blieb – neben Mensageschirr und Gummiknüppeln – kaum noch etwas durchzustylen außer den Köpfen einer Generation von Designern, die nur noch verpackten und signierten, was wie ein Mana über uns kam: Coca-Cola und Chiantiflasche, Kugelschreiber und Kugelkopf, Schaumstoff und Schaumbad – das ging uns ein, das war unsere Entnazifizierung und Reeducation. Schon gab's kein Halten mehr: Der Atompilz von Bikini stand gleichsam Pate bei den Myriaden von Plastik-Pilzchen in unseren Vorgärten, auf unseren kalten Büfetts; die alten eckigen Marken ATA, VIM, IMI mußten hinab, keine „Eckstein" und kein „Erdal" mehr, es schlug die Stunde von OMO und ONKO, von LENOR und CINZANO; man las die QUICK und klebte DC-fix über die Nußbaum-Kommode; man machte sich fein, stieg in den gleichfalls polierten VW und fuhr zum nächsten „Wienerwald", dessen Signet – welche Infra-Grille! – nichts anderes war als ein auf den Rücken gedrehter und mit Füßen versehener Käfer – auch dieses Hühnchen lief und lief, zunächst durch die deutschen Mägen, dann weit über die Grenzen und endlich in den Konkurs.

2. Aus der Retorte

„Es war doch schön... Denkst du nie mehr daran?" Freilich. Wir denken wieder daran, in jüngster Zeit besonders intensiv. Es wird uns eingeredet, daß wir von dorther kommen (was auf der Hand liegt) und dorthin zurückkehren müssen (was in den Sternen steht). Ob diese Kehre, die sich Wende nennt, uns auch die Rundungen von einst wiederbringen wird? Längst sind die Käfer von den Straßen verschwunden, bis auf ein paar kostspielige Nostalgie-Karossen; man trifft heute allenthalben auf Rillen und Kanten, auch wo sie nicht „funktional" sind. Andererseits gibt es, und schon seit Jahren, eine neue Liebe zu alten Dingen und Formen, darunter mehr und mehr auch solchen der fünfziger Jahre, längst bevor uns eine Rückkehr in die heroisierte Adenauer-Zeit angepriesen oder angedroht worden ist. Aber der Geschmack daran, an der Elvis-Tolle, am „Hamburger", am Plastik-Chic, am Babyboom, ist die Schrulle einer Generation, die in den Fünfzigern noch nicht einmal geboren war, und es ist wirklich nur ein Geschmack, ein Nachschmecken von Vorgekochtem, kein „Lebensstil". Die Tugenden, die die Wende-Parolen meinen, sind nicht damit verbunden. Und umgekehrt sind die Rundungen der Adenauer-Zeit auch nicht unlöslich an jene deutschen Tugenden geknüpft, denen sie damals so gut standen. Sie heißen Fleiß, Effizienz, Disziplin, eingepackt in eine Gemütlichkeit, die der Barbarei benachbart ist. Sie bewährten sich auch in Langemarck oder in Auschwitz. Aber die Adenauer-Zeit nahm sie dafür in Dienst, das verwüstete Land mit Beton und Bitumen, Blech und Plastik zu überziehen wie eine Torte mit Zuckerguß.

Es war ein gesellschaftliches Experiment gewaltigen Ausmaßes, vergleichbar nur der Entlassung eines kolonisierten Landes in die Unabhängigkeit. Und es war ein Doppelexperiment, wie zu Vergleichszwecken ersonnen: dort unter sozialistischer, hier unter kapitalistischer Versuchsanordnung. Was das West-Experiment betrifft, war der Plan besonders kühn. Ein Volk, das gerade erst unter totalitärer Führung, der es bis zur letzten Stunde gefolgt war, unfaßbares Unheil angerichtet hatte und gewaltsam niedergeworfen werden mußte, sollte in die demokratische Freiheit geschickt werden, für die es nie gekämpft hatte; sollte sich lossagen von seiner Geschichte, seinem autoritären Charakter, vom deutschen Wesen. Dabei gab es nicht einmal eine Selbstreinigung, nur die Tabuisierung der jüngsten Vergangenheit. Der Neubeginn wurde uns verordnet, die Demokratie war ein Import wie der Kaugummi. Wir lutschten beides. Brave Kinder. Unsere Besatzer blickten streng auf uns, aber auch gütig, wie Väter. Bald wurden sie Freunde. Vor allem das mächtige Amerika, an das wir uns lehnten wie an einen großen Bruder. So wurde sein neuer Feind der unsere, oder besser: er durfte es bleiben, *hier* brauchten wie nicht umzulernen.

Daß dieser Feind, „der Russe", zugleich der Besetzer und Vormund des anderen, viel schlechter weggekommenen Teiles war, bestimmte unser schwieriges Verhältnis zu denen „da drüben". Wir litten mit ihnen – Phantomschmerzen. Von den kleinen Freuden und Errungenschaften der abgeschnittenen Glieder spürten wir nichts, wollten wir nichts wissen, so daß wir im Laufe der Jahre immer weniger von ihnen wußten und schließlich kaum noch an sie dachten. Der sogenannte Verfassungsauftrag der Wiedervereinigung ist uns gleichwohl heilig. Wir können ihn – seit Adenauer – desto eher erfüllen, je enger wir uns an den Westen anschließen, je breiter also der Graben wird, je bedrohlicher die wechselseitige Abschreckung. Diese feiste nationale Lüge, die auch von der redlichen Deutschlandpolitik der sozialliberalen Regierungen unter Brandt und Schmidt nur entfettet, nicht ausgehungert werden konnte – heute wird sie wieder gepäppelt –, hat ihre Wahrheit in ihrer Wirkung: Wiedervereinigungsforderung und Alleinvertretungsanspruch stellen für die Staaten des Warschauer Paktes eine Bedrohung dar; sie drohen zurück, treiben damit die Bundesrepublik der Nato in die Arme, was diese stärkt. Deshalb ist die Wiedervereinigungsforderung selbst unseren westlichen Nachbarn teuer:

sie verhindert geradezu ihre Erfüllung, die keinem von ihnen geheuer wäre. Und sieht es innenpolitisch anders aus, will hier wirklich jemand mit den „Brüdern und Schwestern" vereinigt werden? Die Ratio dieser Irrationalität liegt darin, daß sie nicht gesamtdeutsche, sondern westdeutsche Einheit schafft. Beharren auf der Wiedervereinigung – Angst vor den Russen – Antikommunismus – Sicherheitsbestreben – Anlehnung an die USA: durch dieses Syndrom gewann die Bundesrepublik ihre politische Identität. Es bescherte ihr zugleich den wirtschaftlichen Aufschwung. Beides ist eng verzahnt.

Die Voraussetzungen für das „Wirtschaftswunder" waren günstig: Elend und Trümmer. Das *Elend,* d. h. Hunger und Demütigung, motivierte zum Zupacken; es gab genügend Hände dafür, und als sie knapp wurden, kamen aus dem Osten neue hinzu (später holten wir uns Gastarbeiter). Schließlich mußte das geschlagene, geschmähte Herrenvolk sich und anderen beweisen, daß ... Die *Trümmer* bedeuteten nicht nur Bedarf, sondern auch die Chance zu technologischer Innovation. Durch US-Kapital konnte die Chance wahrgenommen werden. Die Schornsteine rauchten, die Fließbänder liefen. Den Durchbruch auf dem Weltmarkt aber verdanken wir den Chinesen, will heißen: dem Koreakrieg.

Schwer zu sagen, wie die politische Entwicklung der Bundesrepublik verlaufen wäre, wenn es damals keinen Weltwirtschaftsboom gegeben hätte, folglich auch kein deutsches „Wirtschaftswunder", statt dessen vielleicht Massenarbeitslosigkeit, soziale Unruhen, politische Instabilität. Das Land wäre sehr lange besetzt geblieben, es wäre nicht wieder aufgerüstet worden, womöglich wäre es sogar, zusammen mit der sowjetischen Besatzungszone, neutralisiert worden, als unterentwickeltes Land. Es kam anders. Es kam das, was später, bezichtigend, die „Rekonstruktionsperiode des Kapitals" genannt wurde, womit die Wiederherstellung der kapitalistischen Strukturen gemeint war. Aber die waren von den Westmächten kaum angerührt worden, auch die Besitzverhältnisse blieben erhalten, von Kriegsschäden und Währungsreform-Verlusten abgesehen. Dennoch übertrafen die nach dem Krieg gewonnenen Vermögen in ihrer wirtschaftlichen Bedeutung bald die Vorkriegsvermögen. Die Rekonstruktionsperiode war in Wahrheit eine Gründerperiode. Das schlug durch bis in die Arbeiterschaft, die, dank hoher Zuwachsraten, ihr Stück vom Wunderkuchen abbekam, ohne dafür streiken zu müssen, und daß sie nicht streikte, beförderte das Wunder. Fleiß, Effizienz, Disziplin. Zum erstenmal in der deutschen Geschichte zahlte sich dieses Tugend-Trio wirklich aus, in Deutscher Mark und ihrem Gegenwert: reichliches Essen, aufwendige Gebrauchsgüter, Ferienreisen ins Ausland, Eigenheime, Volksaktien; oder ein Studium für den Sohn.

Leistungsideologie plus Aufstiegserwartung, das war vielleicht die entscheidende Triebkraft. Nach der großen sozialen Migration der Kriegs- und Nachkriegszeit kam die große soziale Mobilität der fünfziger Jahre, die manchen Soziologen schon von der nivellierten Mittelstandsgesellschaft sprechen ließ – was freilich eine Projektion in die nächste Generation war, die leider nicht ganz in den Genuß solcher Nivellierung kam, weil es objektive Einbrüche und subjektive Ausbrüche gab. Richtig an der Nivellierungsthese war nur, daß wirkliche Armut kaum mehr ins Auge fiel und wirklicher Reichtum auch nicht, sofern er etwas anderes ist als der ostentative Konsum so vieler Neureicher, die sich benahmen, als eiferten sie den Witzen nach, die über sie umgingen. Aber benahmen sie sich, vom höheren Aufwand abgesehen, wesentlich anders als der Rest der Bevölkerung?

So exportierten wir das Bild vom häßlichen Deutschen zusammen mit unseren Wirtschafts- und Fräuleinwunderwaren im Industriebiedermeier-Look – und waren's zufrieden. Argwöhnisch wurden wir erst, als über die Grenzen das Gerücht zu uns drang, es gebe ein deutsches Kulturwunder. Das konnte nur üble Nachrede sein. Als Kulturvolk hatten wir uns wirklich nicht verstanden und präsentiert, trotz aller Beschwörungen der kulturellen Tradition. Das war auch nicht vorgesehen in dem gesellschaftlichen Experiment, das wir exekutierten wie vordem unsere Feldzüge. Daß die kühneren Intellektuellen und Künstler sich damals gern brüsteten, Nonkonformisten zu sein – „Pinscher" nannte sie Volkskanzler Erhard –, beweist schon, wie abseitig sie waren. Auf Abseitsregeln verstand sich das deutsche Volk, spätestens seit der Fußballweltmeisterschaft 1954. „Geh doch nach drüben", hörte man oft. Gemeint war das Gegen-Experiment.

Das eigene, das West-Experiment, war also gelungen. Die Bundesrepublik Deutschland war zum (wohl)gelittenen Mitglied der westlichen Völkergemeinschaft geworden, geschätzt wegen ihrer Stabilität und Feuerkraft, beneidet wegen ihres Wohlstands und ihres Ansehens in der Dritten Welt, das sich, soweit nicht finsteren Motiven, dem exportfördernden Umstand verdankte, daß „the white man's burden" schon lange von den deutschen Schultern genommen war, während England und Frankreich nach dem gewonnenen Krieg seine wahren Verlierer wurden. (Aber sie hätten uns ja, zur Strafe, einen Teil ihrer Kolonialreiche aufhalsen können, dann hätten wir auch etwas zu liquidieren gehabt, anstatt nur zu exportieren und ganz ungerechtfertigterweise die heimlichen europäischen Kriegsgewinnler zu werden.)

An diesem stolzen Ergebnis gemessen, mußte das andere, das Ost-Experiment als abgeschlagen gelten: ein Triumph für den Kapitalismus, für die amerikanische Versuchsanordnung. Wie aber stand es mit unseren Fortschritten in Demokratie?

Auch in dieser Hinsicht hatten die amerikanischen Versuchsleiter ein wachsames Auge auf uns (hätten es aber notfalls auch zugedrückt, wenn wir nach rechts gestolpert wären, wie andere ihrer Schützlinge). Sie maßen jeden unserer Entwicklungsschritte und verglichen die Werte mit denen anderer Länder der freien Welt. Unsere Noten fielen überraschend gut aus. Wir Bundesbürger akzeptierten die neuen demokratischen Institutionen und bedienten uns ihrer in disziplinierter Weise. Wir wählten – wenn auch mehr in Pflicht als in Kür – brav unsere Regierungen und waren ihnen untertan. Vielleicht ein bißchen zu sehr? Ja, mit der Opposition hatten wir anfangs noch Schwierigkeiten; manche hätten lieber eine Einparteienregierung gesehen oder gleich eine starke Hand, aber das gab sich langsam. Hoch war – im Vergleich – der Stand der politischen Information, niedrig der des politischen Engagements (aber dafür gab es Gründe). Am schlechtesten waren unsere Werte hinsichtlich der Konfliktbereitschaft. Abweichende Meinungen mochten wir nicht, selbst Kompromisse waren uns verdächtig. Aber wir sahen mit Optimismus in die Zukunft, desto mehr, je besser es uns ging. Das ließ unsere Beobachter hoffen. Freilich, die Alten machten ihnen Sorgen, die schienen unbelehrbar zu sein, doch dieses Problem würde sich ja mit der Zeit von selbst erledigen. Ernster zu nehmen war der Nachwuchs: Nicht alle Jugendlichen erreichten das Klassenziel in Demokratie. Richtig gut waren nur die mit Abitur, und wahre Spitzenwerte – welch rosige Aussichten! – erreichten die Studenten der Geistes- und Sozialwissenschaften.

Als dann Studenten der Geistes- und Sozialwissenschaften zu Tausenden mit Transparenten und Parolen auf die Straße zogen wie die leibhaftig gewordene Bedrohung von Demokratie, Sicherheit, Wohlstand, alles dessen, was wir erreicht hatten, bekam das Weltbild der westdeutschen Politikmacher und -beobachter einen Knacks. Waren vielleicht doch die unverbesserlichen Alten die besseren Demokraten? Funktionierte unsere Retortendemokratie nur ohne politisches Bewußtsein und Engagement?

3. Katzenmusik

Die Studentenbewegung vom Ende der sechziger Jahre – was danach kam, war keine Bewegung mehr, nur noch ein Stampfen in verschiedenen Winkeln, das aber den Boden der freiheitlich-demokratischen Grundordnung erzittern ließ – war nichts weiter als ein Symptom, jedoch ein lärmendes: es alarmierte die Medien, als hätten sie nur darauf gewartet, daß endlich etwas geschähe. In der Tat, man hatte gewartet, ohne daß es schon ein Wissen davon gab. Es sei denn im Bauch dieses emsigen Käfers BRD, der auf seinen vier Tugendfüßchen Fleiß, Disziplin, Effizienz, Gemütlichkeit sein Tagwerk trieb, seine Nächte und Feste in dumpfem Anstand verbrachte, im Bangen um „saubere Leinwand" und reines Gewissen, weil der Feind, das Böse bekanntlich der Schmutz ist, das Ungeziefer, der Kommunist, der uns unterwandern wird, wenn wir nicht auf der Hut sind: die Lage war noch nie so ernst, wie der greise Kanzler Adenauer mit seinem Schildkrötenkopf immer von neuem beteuert hatte; doch der war nun auch nicht mehr da, dafür hatten wir unseren runden, rosigen Wirtschaftswunder-Erhard, dessen Optimismus wir brauchen konnten, wenn jetzt rauhere Zeiten kamen, am Ende gar eine Depression; aber unser Volkskanzler, der uns den Volkswagen und das Volkshühnchen und die Volksaktie beschert hatte, gab uns ja auch ein neues Leitbild: „formierte Gesellschaft" – die war sicher schön gestylt, stromlinienförmig funktional ...

Nein, es reichte! Diese Gesellschaft war im Begriff, aus ihren Rundungen zu platzen, ihre Kurven zu durchbrechen, von innen her. Nicht, weil schon ein neues Lebensgefühl entstanden war, das sich neue Ausdrucksformen suchte, wie die Volks- und Stilkundler es wollen, sondern die alten Ausdrucksformen, in denen sich unsere nationale Ikonographie erschöpfte, waren ausgereizt: sie kippten. In den Karosserien wie in den Köpfen.

Die Studenten? Gewiß. Aber für die Autoritätserosion hat der Bundespräsident Lübke – unfreiwillig, freimütig – während der sechziger Jahre mehr getan als alle Polit-Happenings und Straßengetümmel zusammen. Die gab es zunächst nur in Berlin, Frankfurt und ein paar anderen Universitätsstädten. Die Protestthemen: Notstandsgesetze, Große Koalition, Imperialismus, Vietnam. Und natürlich die überfällige Hochschulreform. Aber es hätten auch andere Themen sein können. Es waren bald andere, als sich die Unruhe, die Aufmüpfigkeit über das Bundesgebiet ausdehnte, wie durch Ansteckung. Oder wie eine befreiende Melodie, die sich von Mund zu Mund pfeift.

Es wurde zurückgepfiffen, schrill. Es wurde der Marsch geblasen, voll Wut. Aber die neue Melodie war da. Nicht die Internationale (die war nur ein Verständigungsruf, eigentlich ein Mißverständnis wie so vieles Programmatische in jener Zeit). Aber doch ein internationaler Sound, vom Rock herkommend, auch Exotisches einbeziehend, bis hin zum Brunstschrei der Neuen Deutschen Welle, deren gestampfte Rhythmen der strammen Marschmusik des anderen Lagers schon bedenklich nahe sind. (Wie, wenn die Wende-Apostel und die Alternativ-Gurus plötzlich merken würden, daß sie praktisch auf die gleiche Pauke hauen?) Jedenfalls wird, wer nach der westdeutschen Identität der letzten fünfzehn Jahre sucht, eher einen Sound als ein Design entdecken. Das Design der fünfziger und sechziger Jahre hatte bindende Kraft. Der Sound der siebziger und frühen achtziger Jahre wirkt sprengend. Es ist ein dissonantes Gemisch – über dem Kontrabaß der Reaktion.

Was ist geschehen, seit überhaupt etwas geschah in diesem Land der Muster und der Masken? Nicht viel, aber das Ergebnis ist vertrackt. Die Deutschen sind ein bißchen weniger deutsch geworden. Keineswegs alle, aber doch genügend, um von einem Trend reden zu können; und um befürchten zu müssen, daß es demnächst einen Rückschlag gibt, eine Reteutonisierung, die ein paar Wende-Parolen sicher nicht auslösen, wohl aber einsegnen könnten.

Der Wandel, der seit den späten sechziger Jahren geschah, im Sog der flüchtigen Reform-Euphorie zu Beginn der sozialliberalen Ära, hatte freilich selber, in seinen zahlreichen Schüben und Wellen, noch etwas sehr Deutsches (Fleiß, Effizienz, Disziplin): Wir wollten besser sein. Die besseren Reformer. Die härteren Terroristen. Die bemühteren Fürsorger. Die kaputteren Aussteiger. Die strengeren Hobbyköche. Die verbisseneren Emanzen. Die entspannteren Jogger. Die authentischeren Selbstsucher. Die grüneren Grünen. Unsere Lockerungsübungen in Demokratie und Toleranz, in Gruppensex und Gruppentherapie, in Diätetik und Aerobic, oder was es sei, waren oft zwanghaft; es gab jeweils einen harten Kern (oder sogar mehrere davon, die sich wild bekämpften), aber an den Rändern entstand dann doch eine schöne Verwilderung, die sich auch durch die prompt einsetzenden Rückschläge und Züchtigungen nicht wieder bezähmen lassen wird.

Das Wildheitspotential ist da, politisch, moralisch, ästhetisch; die Ausdrucksformen werden sich finden müssen, nachdem diejenigen der siebziger Jahre weitgehend verschlissen sind, diese oft so hilflos verkrampften Versuche der Profilierung durch Flucht – Flucht in den Terrorismus oder in die Droge, in eine Kaderpartei, eine Jugendsekte, eine Psychokommune oder sonst einen Schmollwinkel. Heute ist die neue Wildheit eher bereit, sich zu zeigen, zu artikulieren, zu entfalten – intellektuell und ästhetisch vorerst. Das wird paradoxerweise erleichtert durch den Rechtsruck in diesem Land, der links Raum schafft, so daß die sozialliberale Stickluft der letzten Jahre abziehen kann. Denn die „Wende", die seit dem Regierungswechsel im Herbst 1982 auf der politischen Tagesordnung steht, begann ja schon fünf Jahre früher, im „Deutschen Herbst" nach der Ermordung von Buback, Ponto, Schleyer. Daß diese Ereignisse, besonders die Entführung des Arbeitgeberpräsidenten, das Kommandounternehmen von Mogadishu, die Selbstmorde in Stammheim, zahllose Bundesbürger faszinierten, ja förmlich lüstern machten, mag die nachfolgende Hysterie erklären: ein Erschrecken vor den eigenen Phantasien und Emotionen. Jetzt duckte man sich und andere, rief nach law and order. Ein übriges tat die

Rezession: Dem „Deutschen Herbst" folgte die „Deutsche Krankheit", das Herbeiklagen der Krise, die Wehleidigkeit, die Lust an Furcht und Zittern, am Weltuntergang – sei sie nun grün oder rot oder schwarz getönt. Und deshalb auch, grün oder rot oder schwarz, der Hundeblick auf den Staat, der alles richten soll.

Die viel zitierte Staatsverdrossenheit der Deutschen, für die sich Christ- und Sozialdemokraten wechselseitig die Schuld geben, ist eine Fiktion. Wenn es Staatsverdrossenheit gibt, dann aus Staatsbefangenheit. Ob konversativ oder alternativ, man möchte – immer noch und immer wieder – seinen Staat, seine Regierung, seinen Kanzler *lieben,* und wenn man sie nicht lieben kann, muß man sie *hassen.* Man beißt die Hand, von der man Zuwendung erwartet und nicht ausreichend erhält; man beißt sie aber auch dann, wenn man Zuwendung (Beamtengehälter, Steuergeschenke, Subventionen, Stipendien – „Staatsknete" jeglicher Art) reichlich empfängt, das ist man sich schuldig. Denn in Wahrheit sind es *zwei* Hände: *Vater* Staat, dem in den letzten Jahrzehnten mancherlei Aufgaben der Planung, Verteilung, Betreuung zugewachsen sind, ist damit zugleich *Mutter* Staat geworden. Die sozialliberalen Regierungen haben diesen Trend verstärkt und die Folgen zu spüren bekommen. Von links wie von rechts wurde gebellt und gebettelt. Die neue, konservativ-liberale Regierung wird vor die spendende Mutter den versagenden Vater setzen, denn sie hat nicht mehr viel zu verteilen. Ob der beschworene Aufschwung nun kommt oder nicht, das Heer der Arbeitslosen wird weiter wachsen, über Jahre, vielleicht bis zum Ende des Jahrhunderts. In dieser Zeit aber könnten die uns empfohlenen Tugenden der Eigeninitiative und Eigenverantwortung eine Gestalt annehmen, die der Regierung gar nicht paßt: Schattenökonomie und Gegenkultur.

Anders gesagt, mit einem Adenauer-Wort: „Die Situation ist da." Und sie ist, da nützt kein Augenwischen, ziemlich heillos. Uns stehen Konflikte und Konfrontationen ins Haus, wie wir sie noch nicht erlebt haben seit der Gründung unserer Republik; und wie man sie nicht vermuten würde, wenn man durch dieses aufgeräumte Land fährt, wo mittlerweile alles so nett herausgeputzt ist, die alten Häuser restauriert, die neuen schon gealtert, die Straßen sauber, die Flüsse verschmutzt, die Fabriken halb stillgelegt, die Raketenrampen bald fertig und die Wälder bedroht vom sauren Regen...

4. Zweite Natur

Man kann die Geschichte dieser Republik auch anders erzählen, parabolisch verkürzt – am Beispiel ihrer „wahren" Hauptstadt, Frankfurt am Main. (Sich auszumalen, was geschehen wäre, wenn 1949 nicht das verschlafene, randständige Bonn, das nicht einmal für politische Witze taugt, Regierungssitz geworden wäre, sondern das zentral gelegene, hektische Frankfurt: einst Kaiserstadt, dann Ort des Bürgerstolzes und der jüdisch geprägten Kultur, heut Metropole der Banken, des Handels, des Verkehrs und des organisierten Verbrechens; die am meisten amerikanisierte Stadt Westdeutschlands, „Mainhattan", und zugleich – an manchen Tagen wenigstens – die mediterranste, lebendigste ... Vielleicht wäre die Bundesrepublik heute ein anderer, urbanerer Staat.)

Es war einmal ein sozialdemokratischer Oberbürgermeister, der hatte einen Traum, vermutlich in den frühen Morgenstunden eines Sommertages, wenn die erwachenden Vögel eine kurze Chance haben, gegen den beginnenden Lärm der Autos und Straßenbahnen anzuzwitschern. (In Frankfurt pflegt man früh aufzustehen, denn Zeit ist hier Geld und umsonst nur der Tod.) Der Oberbürgermeister träumte nicht von der befreiten, klassenlosen Gesellschaft, wo Äppelwoi und Grüne Soße reichlich fließen, nein, er war ein nüchterner, tüchtiger Mann; die sozialistische Utopie war bei ihm geschrumpft zur Vision einer *menschlichen* Stadt, welchen Ruf die seine weniger als irgendeine andere in Deutschland genoß, sie galt vielmehr als häßlich, brutal, unmenschlich und im Begriff, an ihrer eigenen Dynamik zu ersticken. Er träumte also von einem U-Bahn-System, das die engen Straßen vom Verkehr entlasten und die werktätige Bevölkerung in wenigen Minuten aus den Außenbezirken ins Zentrum oder zu ihren Arbeitsstätten befördern würde. Damals brauchte man dazu eine Stunde oder mehr, besonders wenn ein bißchen Regen fiel und die Straßen hoffnungslos verstopft waren. Daß die geplagten Arbeitnehmer daran selbst schuld waren, weil sie sich's nicht nehmen ließen, ihre eigenen Autos zu benutzen, soll hier nicht weiter erörtert werden.

Nun machten sich die Stadtplaner und Verkehrsexperten daran, den U-Bahn-Traum durchzurechnen. Da zeigte sich, daß eine der geplanten Linien, die in die westlichen Außenbezirke führen sollte, nicht rentabel wäre, weil das Verkehrsaufkommen außer in den Stoßzeiten zu niedrig sein würde. Aber die Bewohner dieser Bezirke zu benachteiligen, widersprach dem Gerechtigkeitsgefühl des Oberbürgermeisters. Er sann auf Abhilfe und kam auf die schöne Idee, das vornehme bürgerliche Westend, das zwischen dem Zentrum und jenen Bezirken lag und hauptsächlich Professoren, Anwälte, Ärzte beherbergte, für die Mischbebauung freizugeben. Wenn hier ein paar Bürohochhäuser entstünden, dann wäre den Tag über für das nötige Verkehrsaufkommen gesorgt. Und so geschah es. Nicht schon der U-Bahn-Bau, der hatte noch Weile, aber der Hochhausbau. Fast über Nacht setzte im Westend die wildeste Grundstücksspekulation ein, die diese Stadt je erlebt hatte.

Vielen Mietern wurde gekündigt, und wenn sie, von Verträgen oder Gerichtsurteilen geschützt, nicht ausziehen wollten, gab es Druckmittel: Häuser wurden demoliert, Reparaturen verweigert, Ratten ausgesetzt, Schlägertrupps losgeschickt. Standen die Häuser dann endlich leer, wurden sie manchmal noch rasch renoviert, um den Verkaufspreis in die Höhe zu treiben. Dann rückten die Abbruchfirmen an. Wo noch keine Baugenehmigung vorlag, bezogen Studenten und Ausländer mit kurzfristigen Mietverträgen die entwohnten, zerfallenden Häuser.
Die verstörten Westendbürger bangten um den Rest ihres Viertels. Sie gründeten einen Verein, sammelten Unterschriften, wurden im „Römer" vorstellig – zu spät. Des Oberbürgermeisters Traum von der menschlichen Stadt (er war längst an der unmenschlichen gestorben) nahm drohend Gestalt an. Da ließen ein paar linke Studenten, die das bürgerliche Westend liebgewonnen hatten, sich etwas einfallen. (Es war im Sommer 1970, die Protestbewegung schickte sich an, seßhaft zu werden.) Sie besetzten ein leerstehendes, abbruchreifes Haus. Die Nachbarn spendeten Beifall, Möbel und Selbstgebackenes. Nette Leute, diese Besetzer; hatten nicht nur Transparente aus den Fenstern gehängt, sondern auch Grünzeug in die verödeten Vorgärten gepflanzt. Dieser ersten Hausbesetzung folgten weitere. Die zitternd erwarteten Räumungskommandos blieben aus. Im Rathaus war man ratlos. Hier eine eindeutige Rechtslage, dort eine ebenso eindeutige Stimmungslage in breiten Teilen der Bevölkerung. Man verhandelte also nach beiden Seiten, bot unter der Hand beträchtliche Summen, auch Ersatzwohnraum an. In einigen Fällen kam es zu Verträgen zwischen Besitzern und Besetzern, in anderen nicht. Es passierte, was zu jener Zeit passieren mußte: Räumungen, Straßenschlachten, neue Besetzungen, wieder Verhandlungen. Und so fort.
Aber die Bebauungspläne für das Westend wurden geändert, bereits erteilte Abbruchgenehmigungen rückgängig gemacht, halb verfallene Häuser wieder hergerichtet, hübsch angemalt und teuer vermietet, auch an ehemalige Besetzer, die heute Anwälte oder Professoren sind. Die bösen Studenten hatten den braven Bürgern ihr Wohnviertel gerettet, auch wenn es jetzt dominiert wird von etlichen Bürotürmen, die Frankfurts imponierende Hochhaus-Silhouette bereichern.
Einer der letzten Türme, die hier errichtet wurden, ein besonders klotziges Ungetüm – der Bauherr, ein persischer Bankier, war nicht sonderlich beliebt in der Stadt – stand noch im Rohbau, mit schlanken Kränen bestückt, als in einer warmen Sommernacht hoch dort oben ein Feuer ausbrach. Es griff rasch um sich, der Anblick war grandios. Schnell sammelte sich eine große Menschenmenge in den umliegenden Straßen, man johlte und klatschte und rief, wenn die Flammen einmal weniger hell loderten: „Legt nach!" Es war ein Volksfest, die ganze Nacht

über; wendige Straßenhändler boten kalte Getränke und heiße Würstchen an, und am liebsten hätte man es gesehen, wenn nicht nur Bohlen und Träger funkensprühend auf die Erde gestürzt wären, sondern der ganze Koloß in die Knie gegangen und auf das gegenüberliegende Polizeipräsidium gefallen wäre.

Der tapfere tumbe Brandstifter – er wurde nie identifiziert – hatte übrigens kein Volksfest anzetteln, sondern ein Mahnmahl aufrichten wollen: Nieder mit der entfremdeten Arbeit! Aber die entfremdeten Bauarbeiter, die Marx und Marcuse nicht kannten, verstanden das gar nicht, es war doch ihrer Hände Werk! So gehen die Absichten immer wieder in die Irre, den schönen Träumen gleich. Doch die U-Bahnlinie, die durchs Westend führt, sieht ihrer Vollendung entgegen. Ob sie rentabel sein wird, steht dahin. Zwar werden hier wesentlich mehr Studenten ein- und aussteigen, als jener sozialdemokratische Oberbürgermeister je zu träumen gewagt hätte; aber von den Werktätigen der Außenbezirke, an die er hauptsächlich dachte, sind heute viele arbeitslos und motorisiert. Sie brauchen keine U-Bahn mehr.

Unterdessen, zu Anfang der siebziger Jahre, hatte die sozialliberale Regierung in Bonn ihr Reformwerk vorangetrieben, zu dem nicht zuletzt der Mieterschutz zählte. Der wurde von Frankfurter Richtern großzügig ausgelegt, zu Gunsten der Mieter. Die Stimmung der Bürger wollte es so. Die Folge war, daß die Bauherren die Baulust verloren. Die Wohnungen wurden immer knapper. Die Stimmung schlug um. Der SPD-Oberbürgermeister wurde abgewählt. Sein CDU-Nachfolger mußte sich jetzt mit dem Problem abplagen. Bevor ihm der Regierungswechsel in Bonn eine Entspannung des Wohnungsmarkts bescherte – jetzt durften nämlich die Mieten wieder steigen und die Mieter gefeuert werden –, suchte er dem Image der Stadt und der Stimmung der Bürger durch kostspielige Prestigeobjekte aufzuhelfen.

Eines davon ist die restaurierte, die neue Alte Oper. Seit Kriegsende ging der Streit, was man mit der protzigen Ruine anfangen solle: in die Luft sprengen oder wieder aufbauen. Da man sich nicht einigen konnte, ließ man das kaputte Ding einfach stehen, und es sah in diesem Zustand gar nicht schlecht aus. Den Neubürgern war es eh egal, aber die Alteingesessenen ließen nicht locker. (Seltsam, daß es überhaupt noch Alteingesessene gibt, denn die Frankfurter Wohnbevölkerung erneuert sich, wie die Statistik lehrt, alle zehn Jahre; falls aber einige länger bleiben, müssen die übrigen entsprechend schneller ausgewechselt werden.) Es gab Geldsammlungen, Fördervereine, moralischen Druck auf die „kulturlosen" Sozis. Endlich nahm sich der „Römer" der Sache an. Die Ruine sollte instand gesetzt werden, jedoch nicht mehr, wie auf ihrem Giebel steht, dem Wahren-Schönen-Guten dienen,

sondern dem Volk. Als eine Art populäres Multimedia-Haus. Was dann herauskam und 1982 unter Berufung auf christlich-abendländische Werte eingeweiht wurde, ist etwas anderes: die Neue Üppigkeit. Im Inneren ist alles mit modernster Technik vollgestopft, aber die Fassaden und das Foyer erstrahlen im alten Gründerstilprunk. Von allem das Teuerste und Beste. So wünscht sich die Direktion auch das Publikum, das die erlesenen Konzerte und Kongresse besucht. Leider kommen die Leute im Straßenanzug oder in irgendwelchen modischen Fummeln. Und trifft man wirklich einmal auf eine Dame in großer Robe, so kann man sicher sein, sie kommt von der Kaiserstraße, vom ältesten Gewerbe dieser Stadt. Küß die Hand, gnä' Frau! In Frankfurt ist alles natürlich, vom Schlage der zweiten Natur.
Für die erste Natur (die es hier längst nicht mehr ist) kämpfen derweil die Grünen im Verein mit anderen Bürgern fast jeglicher Couleur. Jüngst ging es um die Startbahn West auf Rhein-Main, dem größten europäischen Flughafen. Für diese Piste sollten viele Tausend Bäume fallen: Sie sind inzwischen gefallen, die Betonierung schreitet voran, trotz aller Blockaden und Schlachten, bei denen sich beide Parteien für die Einsätze an den Raketenabschußrampen stählen konnten. Nun gibt es sicher gute Gründe, gegen eine dritte Startbahn zu sein: Lust an Bäumen, Angst vorm Fliegen und mehr. Was auf Rhein-Main jedoch dringend benötigt wird, ist eine dritte Landebahn. Der Luftraum über Frankfurt ist verstopft, die Maschinen müssen dort oft lange, bis zu einer Stunde kreisen, bevor sie ihre Landeerlaubnis erhalten. Das kostet Nerven und viel Treibstoff, und die Abgase belasten die Luft. Darunter leidet auch der Wald. Man kann eben nicht beides haben, die Bäume und den Wald...
Was waren das für Zeiten, wo ein Gespräch über Bäume fast ein Verbrechen war! Heute ist ein solches Gespräch in Frankfurt immer auch ein Lehrstück. Im Westend, nicht weit von der neuen Alten Oper, steht zwischen Bürohochhäusern und Bürgervillen eine Schule, daneben ein Baum. Von einem der Klassenzimmer aus können die Schüler ein Vogelnest sehen. Das lehrt sie viel. Denn es ist nicht aus dem herkömmlichen Nistmaterial gebaut, sondern aus Magnetbändern. Der Nestbauer – war er entartet oder innovativ? – hat sie vermutlich aus einer der benachbarten Banken geklaut (falls es dort noch Fenster geben sollte, die sich öffnen lassen). Welche Informationen mag diese Software speichern? Vielleicht Bewegungen auf Eurodollar-Konten... Wenn man die Bänder auf einem normalen Tonbandgerät abspielen würde, könnte man möglicherweise etwas hören, das wie Vogelgezwitscher klingt. Oder wie eine alte neue Oper. Das wäre dann nicht mehr zweite, sondern schon dritte Natur. Man kann gar nicht genug Natur haben. In Frankfurt und anderswo.

5. New Germany

Auch anderswo in der Bundesrepublik könnte man beobachten, was den Frankfurter Palmengarten neuerdings so exotisch erscheinen läßt: Da kommen am Wochenende junge deutsche Männer mit ihren vermutlich frisch angetrauten Lotosblumen, die sie – nach Katalog – aus Südostasien bezogen oder als Trophäe von dort mitgebracht haben (vielleicht waren sie als Entwicklungshelfer unterwegs, vielleicht nur als Touristen, die sogenannten Bums-Bomber fliegen zweimal wöchentlich). Dann blicken oft staunende Mandelaugen auf eine unter der Gründerzeit-Glasarchitektur wuchernde heimatliche Vegetation, wie diese Augen sie in Bangkok oder Singapur wohl noch nie so üppig zu sehen bekommen haben. Sobald aber eine zarte Hand nach einem der Palmwedel, der Sykomorenzweige greift, zieht Enttäuschung oder Mißbilligung über die gefurchte Stirn: Das ist ja gar nicht aus Plastik! Nein, so weit sind wir in Deutschland noch nicht. Aber vielleicht könnten uns unsere ausländischen Mitbürger ein wenig auf die Fortschrittssprünge helfen, nachdem wir in unserer angestrengten Modernität schon ziemlich abgeschlafft sind.

Trotzdem: Deutschland (West) ist ein modernes, ein weltoffenes Land, fast so wie ein „Schwellenland" der Dritten Welt. Kaum waren wir nach der großen Migrationswelle der Nachkriegszeit, die alle deutschen Stämme und Dialekte durcheinandergemengt hatte, wieder seßhaft und mundartlich geworden (obschon nicht entfernt so bodenständig wie einst), brach neue Unruhe aus: die Reisewelle. In den siebziger Jahren stellten wir alle Rekorde ein, wurden „Weltmeister im Reisen", die mehr Geld im Ausland ließen als jede andere Nation, außerdem auch manchen frischen Eindruck vom häßlichen Deutschen. Was die Touristen dafür zurückbrachten (außer Sonnenbränden, Urlaubsfotos und ein paar Brocken Fremdsprache), war nicht gerade Weltläufigkeit, aber doch die Vorstellung von einem anderen Leben als dem daheim, mitunter auch eine Sehnsucht danach, die dann bei vielen Jugendlichen durchbrach: sie stiegen aus, sie wurden (welt)läufig.

Aber daheim, in diesem fast schon amerikanisierten Zivilisationseinerlei, mit nur wenigen verbliebenen Milieu-Nischen, änderte sich nun auch mancherlei. Man kann es Überdruß am öden Alltag oder Verlangen nach mehr Lebensqualität nennen; vielleicht war es einfach ein Ausfluß des Überflusses, der sich, trotz wirtschaftlicher und psychischer Depression, als Rinnsal durch die Städte schlich und kleine Tümpel bildete: Im Schatten der Trutzburgen des Konsums, der Warenhäuser und Supermärkte mit ihrem immer gleichen brandneuen Warenangebot, entstanden jetzt, wo gerade erst die letzten Tante-Emma-Läden hatten aufgeben müssen, kleine Geschäfte, teils schick, teils schäbig, wo Kunsthandwerk und Klamotten, Vegetabilien und Delikatessen ihre neuen Liebhaber fanden – den ehemaligen Kolonialwaren vergleichbar, weil hier der Duft der großen weiten Welt wehte, der vielleicht nur aus einem altdeutschen Steinbackofen kam, aber unsere Nüstern angenehm weitete.

Noch gefährlicher als für die Kaufhäuser war dieser neue Reiz für das ungastliche Gaststättengewerbe, das im Zeichen der deutsch-amerikanischen Freundschaft Brathendl und Hamburgers, Jägerschnitzel und Hawaii-Steaks kultivierte und mit seinen Steh- und Schnellimbissen nicht nur die städtischen Kaffeehäuser verdrängt hatte, sondern selbst die Provinzküche, so daß man Tagesreisen unternehmen mußte in Verfolgung irgendeines Geheimtips für eine noch nicht gleichgeschaltete holsteinische oder schwäbische oder westfälische Speise und dann doch lieber ins Elsaß oder nach Österreich fuhr. Auch in den italienischen und chinesischen Lokalen, die sich in den fünfziger Jahren hier niedergelassen hatten, schmeckte es in den Sechzigern schon wie in einer deutschen Kantine. Dann aber kam die Geschmackswende. Sie begann als ein Siegeszug des Knoblauchs, die Speiseröhren rauf wie runter – war das ein letztes Aufmucken des alten Europa wider die klebrige Herrschaft des Ketchup, oder war es der gastronomische Wechsel auf das politisch längst abgeschriebene Reich der Freiheit? Zu verdanken hatten wir diesen Wechsel allerdings weniger unseren neuen Eßgewohnheiten als den alten unserer Gäste aus aller Welt, die hier ihre Lokale eröffneten und uns zu Tische baten – es war wie eine Eroberung Westdeutschlands durch aller Herren Länder Küchen, vergleichbar der Eroberung Preußens durch die französische Küche nach Preußens Sieg über Frankreich anno 1871. Hatten wir etwa alle diese Länder, deren Vertreter jetzt bei uns kochten oder ihren Käse und Wein, ihre Pasteten, Früchte, Gemüse feilboten, unterworfen, kolonisiert? Das Groteske dabei ist, daß der Industrieriese Westdeutschland auch der Welt viertgrößter Lebensmittelexporteur ist (was zum Teil daher rührt, daß importierte landwirtschaftliche Rohprodukte hier in einer Weise veredelt werden, die es unvermeidlich macht, sie anschließend möglichst weit weg zu schicken).

Unsere Gäste, die uns zu Gast luden, also die in der Bundesrepublik lebenden Ausländer, machen heute etwa sieben Prozent der Gesamtbevölkerung aus. Sie kamen seit den sechziger Jahren in Scharen, hierher gelockt als begehrte Arbeitskräfte, dann angezogen von der schönen Aussicht auf die schnelle Mark. Sie kamen als Gastarbeiter und Gewerbetreibende, als Illegale und Asylsuchende – wir nahmen sie lange Zeit kaum wahr, obschon wir wußten, daß es sie gab: die Türken in Berlin (wo Kreuzberg zu einer der größten osmanischen Städte wurde), die Griechen in Württemberg, die Exilkroaten in Nürnberg, die Japaner in Düsseldorf, die Jugoslawen im Ruhrgebiet, die koreanischen Krankenschwestern, die libanesischen Dealer, die schwarzen GIs der US-Forces, die freiberuflichen Thai-Mädchen und so weiter, und von allem ein Querschnitt im Frankfurter Hauptbahnhof, dem größten Basar der Republik. Erst gegen Ende der siebziger Jahre, als die Krisenstimmung sich ausbreitete, begannen die Gäste uns lästig zu werden. Sie hatten sich Ansprüche erworben, zum Beispiel auf Arbeitslosengeld und Familiennachzug, der Nachwuchs drängte in die Schulen und Discotheken, die Ghettos bordeten über, die einheimische Unterwelt litt unter der Konkurrenz... Da hob ein Jammern an über schamlose Ausnutzung unseres sozialen Netzes, unverfrorene Asylerschleichung, mangelnde Anpassungsbereitschaft etc.

Mit dem inzwischen auch behördlich erhobenen Vorwurf, vielen Ausländern fehle es an Integrationswillen, sind besonders die Türken gemeint, die 30 Prozent der in Westdeutschland und Westberlin lebenden Ausländer stellen; und es stimmt ja auch, sie leben *ihr* Leben, nicht das unsere. Woran denn sollten sie sich anpassen in diesem Land, das keine erkennbaren Traditionen und Lebensstile hat, sondern nur ein paar undurchsichtige Tabus, vor allem Schmutz und Lärm betreffend, so daß es zum Beispiel verpönt ist, auf der Straße laut zu sprechen, nicht aber, seinen Motor aufheulen zu lassen? Und warum sollten die türkischen Frauen nicht ihre grünen Kopftücher tragen, wenn die deutschen Mädchen sogar grüne Haare trugen? Oder warum sollten die türkischen Männer nicht... Als sich dann auch noch herumsprach, daß manche Kinder dieser primitiven Kameltreiber, die es ablehnten, sich unserer höheren Kultur anzupassen, in der Schule die deutschen Kinder glatt überflügelten, ihnen am Ende gar die rar gewordenen Ausbildungs- und Studienplätze abjagen könnten; oder als man mitansehen mußte, wie ein türkischer Schneider, der ein paar Jahre lang brav bis tief in die Nacht vor seiner alten Nähmaschine gesessen hatte, dann Frau und Tochter oder Nichte oder Schwägerin (wer weiß das schon) nachkommen ließ, die nunmehr an zwei oder drei Maschinen die Flickarbeit machten, bis er statt ihrer vier oder fünf deutsche Frauen einstellte und schamlos ausbeutete, während er selbst nur noch in einem dicken Mercedes vorfuhr, um abzukassieren, hier und womöglich in sechs oder sieben weiteren Lokalen –: da packte viele von uns Überfremdungsangst: *So* hatten wir uns die von den Türken erwartete Anpassung nicht gedacht. Würden unsere Gäste uns demnächst in die Ecke drängen, wie einst die Juden? Man rechnete sich schon aus, wann die (derzeit) viereinhalb Millionen Ausländer, deren Geburtenrate doppelt so hoch ist wie in der Gesamtbevölkerung, uns Einheimische majorisiert haben würden. Gab es nicht bereits 1,2 Millionen Jugendliche unter 16 Jahren, die nicht deutschstämmig waren (über die Hälfte davon hier geboren und fast zur Hälfte Türken)? Das bedeutete, daß jeder zehnte Jugendliche ein Ausländer war, jeder zwanzigste ein Türke! Kurz, viele Deutsche wären diese fruchtbaren Gäste, die bei uns die Dreckarbeit, aber auch viel Dreck machten, am liebsten wieder losgewesen.

Seit die restriktive Ausländerpolitik der konservativen Regierung – sie möchte die Zahl der Ausländer halbieren – diesen dumpfen Groll kleinbürgerlichen Zuschnitts eher noch schürt als eindämmt, sieht man ein Gespenst auftauchen: Wird es bei wachsenden Arbeitslosenzahlen und inneren Spannungen im deutschen Krisenpanorama einen neuen Fremdenhaß geben, der sich sowohl gegen das Fremdartige wie gegen die Überanpassung der Fremden wendet und politisch ausbeutbar ist – also neue Triebe am schon totgesagten Stamm des Antisemitismus? Man kann es nicht ausschließen, obwohl das voraussetzen würde, daß der Modernisierungs- und Demokratisierungsschub der sechziger und siebziger Jahre storniert wird, und das würde die politische Ausschaltung einer ganzen Generation bedeuten, die demokratisch sozialisiert und glücklicherweise viel zu schlaff ist, um die Herrenrassenrolle zu übernehmen.

Unterdessen bewältigen wir das Problem mit Witzen über die Fremden, die an Beliebtheit und Bosheit längst die altbewährten Ostfriesenwitze übertreffen. Oft spielen sie eine ethnische Gruppe gegen eine andere aus – ein Chinese besteigt einen Bus voller Neger: „Hat es hiel beblannt?" –, wodurch die Spannung vielleicht entschärft, der eigene Unmut delegiert wird. Zumindest gibt es nicht mehr *den* Fremden, *den* Türken usw., wie es früher *den* Juden gab. Es gibt vielmehr unterschiedliche Grade der Fremdartigkeit und Abgrenzung – selbst unter den Ausländern. Als unlängst bei einer Demonstration zum 1. Mai auch verschiedene ethnische Gruppen in ihren mehr oder weniger exotischen Trachten mitmarschierten, stand am Straßenrand ein Italiener mit seinem kleinen, wahrscheinlich in Germania geborenen Sohn, der neugierig fragte: „Pappi, wo kommen alle die fremden Menschen her?" Das hätte der Knirps auch fragen können, wenn er beispielsweise vor einem der schicken Cafés oder Bistros gestanden wäre, die heut aus dem großstädtischen Boden schießen und gern von jungen Ausländern (schwarzen, braunen und anderen) aufgesucht werden; aber den exotischsten Anblick bieten hier oft gerade die Einheimischen. Das mag eine vorübergehende Mode sein, vom Punk inspiriert, sein dumpfes Justament überflügelnd; doch läßt sich nicht mehr übersehen, daß sich das Fremde bei uns eingenistet hat, daß wir uns ihm anzugleichen beginnen, ja es zu übertreffen suchen. (Wollen wir eigentlich immer die Besseren sein? Selbst noch unsere besseren Fremden?)

DURCH DEUTSCHLAND
Photographien von Hans Wiesenhofer

Es geht ein starker Nordostwind, und die Hexen haben wieder viel Unheil im Sinne. Man hegt hier nämlich wunderliche Sagen von Hexen, die den Sturm zu beschwören wissen; wie es denn überhaupt auf allen nordischen Meeren viel Aberglauben gibt. Die Seeleute behaupten, manche Insel stehe unter der geheimen Herrschaft ganz besonderer Hexen, und dem bösen Willen derselben sei es zuzuschreiben, wenn den vorbeifahrenden Schiffen allerlei Widerwärtigkeiten begegnen ...

Ich gehe hier oft am Strande spazieren und gedenke solcher seemännischen Wundersagen. Die anziehendste derselben ist wohl die Geschichte vom fliegenden Holländer, den man im Sturm mit aufgespannten Segeln vorbeifahren sieht, und der zuweilen ein Boot aussetzt, um den begegnenden Schiffern allerlei Briefe mitzugeben, die man nachher nicht zu besorgen weiß, da sie an längst verstorbene Personen adressiert sind. Manchmal gedenke ich auch des alten, lieben Märchens von dem Fischerknaben, der am Strande den nächtlichen Reigen der Meernixen belauscht hatte und nachher mit seiner Geige die ganze Welt durchzog und alle Menschen zauberhaft entzückte, wenn er ihnen die Melodie des Nixenwalzers vorspielte.

Gar besonders wunderbar wird mir zumute, wenn ich allein in der Dämmerung am Strande wandle, – hinter mir flache Dünen, vor mir das wogende, unermeßliche Meer, über mir der Himmel wie eine riesige Kristallkuppel – ich erscheine mir dann selbst sehr ameisenklein, und dennoch dehnt sich meine Seele so weltenweit. Die hohe Einfachheit der Natur, wie sie mich hier umgibt, zähmt und erhebt mich zu gleicher Zeit, und zwar in stärkerem Grade als jemals eine andere erhabene Umgebung.

Heinrich Heine, „Reisebilder. Die Nordsee" (1826)

Bei Heiligenhafen

Bei Schönberg an der Ostsee

Bei Schönberg an der Ostsee

An der Außenalster in Hamburg

In Kalifornien an der Ostsee

Bei List auf Sylt

Bei St. Peter-Ording

Kalle: Die Vaterlandsliebe wird schon dadurch beeinträchtigt, daß man überhaupt keine richtige Auswahl hat. Das ist so, als wenn man die lieben soll, die man heiratet, und nicht die heiratet, die man liebt. Warum, ich möcht zuerst eine Auswahl haben. Sagen wir, man zeigt mir ein Stückel Frankreich und einen Fetzen gutes England und ein, zwei Schweizer Berge und was Norwegisches am Meer und dann deut ich drauf und sag: das nehm ich als Vaterland; dann würd ichs auch schätzen. Aber jetzt ists, wie wenn einer nichts so sehr schätzt wie den Fensterstock, aus dem er einmal heruntergefallen ist.

. . .

Ziffel: Wenn ich mir vorstell, in was für einem Land ich leben wollte, wähl ich eins, wo einer schon, wenn er einmal in einem gedankenlosen Augenblick so was murmelt wie „ganz hübsch hier die Gegend", sofort ein Denkmal als Patriot kriegt. Deshalb, weil es in diesem Land ganz und gar unerwartet kommt, so daß es eine Sensation ist und wirklich geschätzt wird. Natürlich, einer der nichts murmelt, muß ebenfalls ein Denkmal kriegen, und zwar, weil er nichts Überflüssiges gesagt hat.

Bertolt Brecht, „Flüchtlingsgespräche" (1940/41)

Hamburger Hallig

Bei Pilsum in Ostfriesland

Folgende Doppelseite: Bei Hörnum auf Sylt
Bei Pilsum in Ostfriesland

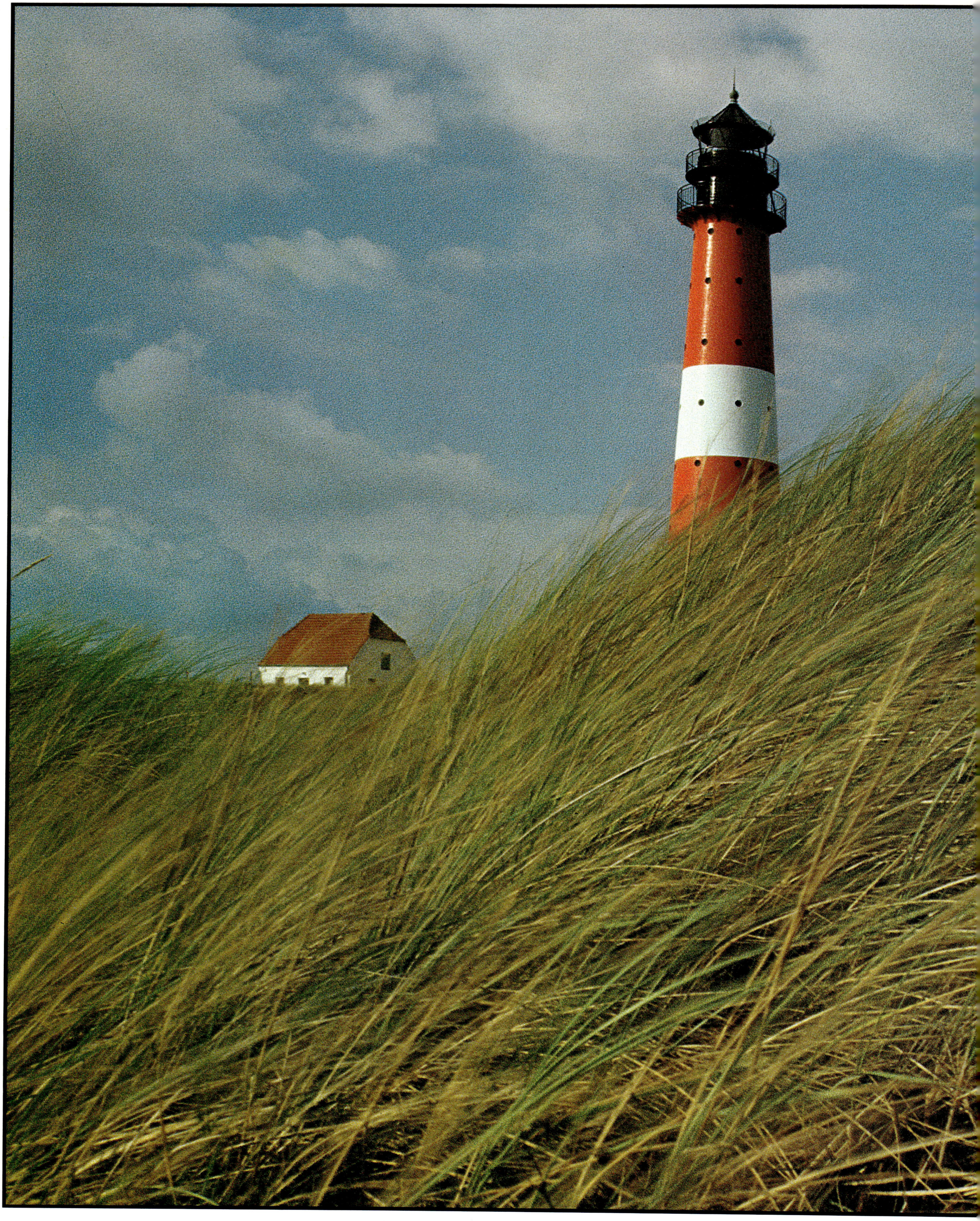

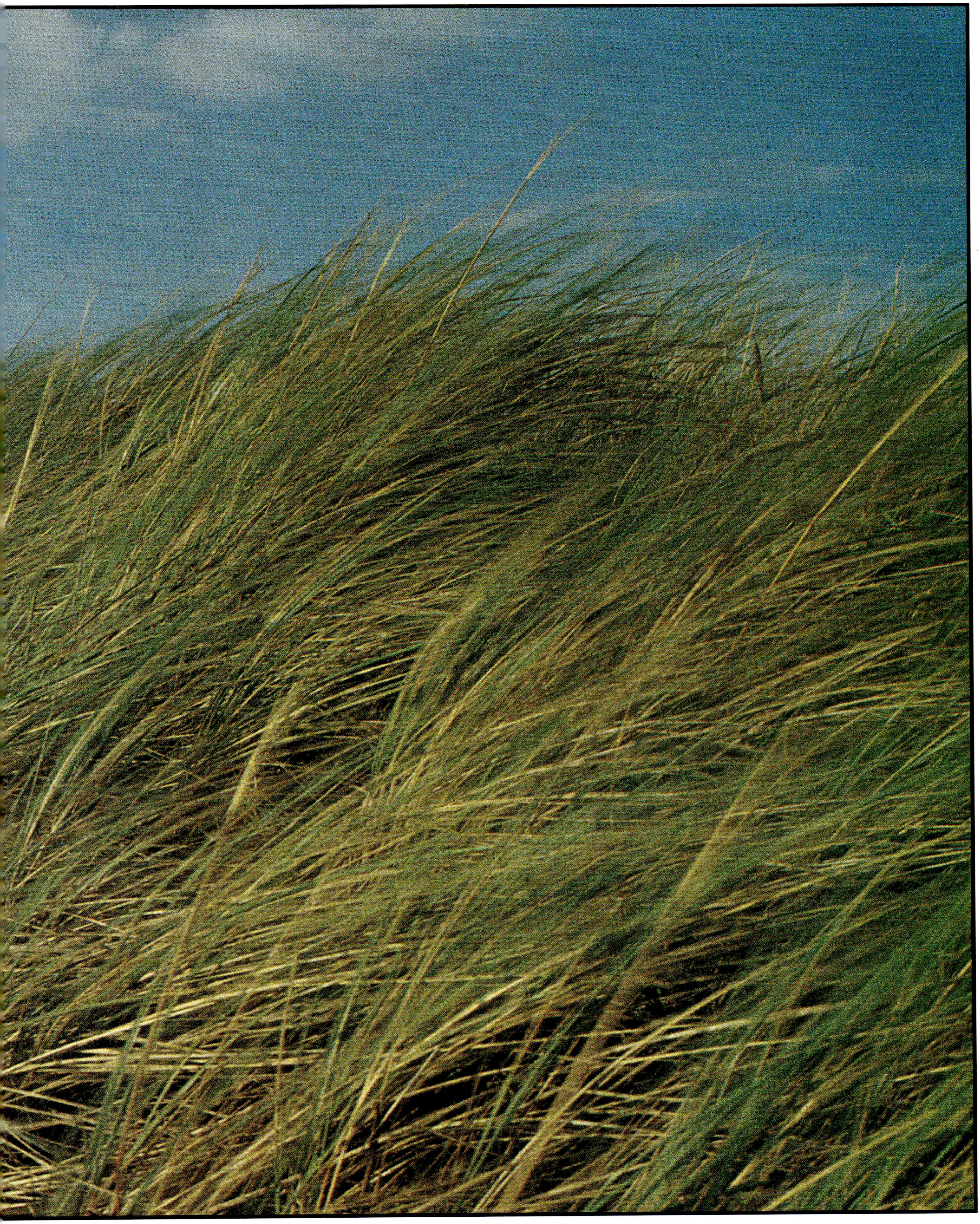

Am Fischmarkt schlachtete (um 1830) noch der Amtsfischer Ueckermann Störe, da konnte man für drei bis vier Schilling ein Pfund Störkarbonade kaufen; das war für viele ein beliebtes und billiges Essen... Über den Fischmarkt ging es in die schmale erste und zweite Brandstwiete und dann über die Kornhausbrücke, dort war die Kaserne, wo bis 1866 das Hamburgische Kontingent lag; später das erste Hanseatische Infanterie-Regiment Nr. 76. Hierhin zog es uns Jungens immer; besonders im Sommer, wenn eine Abteilung zum Baden ging, dann marschierten wir gerne mit. Über St. Annen an der Dienerreihe vorbei zum Grasbrook, wo neben der englischen Kakesbäckerei die nach heutigen Begriffen nicht mehr zulässige Badeanstalt lag; es war der Platz, wo heute am Strandhafen Schuppen 20 steht.

Wir Jungens badeten an manchen Tagen zwei und dreimal; Handtücher kannten wir nicht, und die Aufseher, die diese häufigen Badegäste nicht gern sahen, haben manchmal kontrolliert, ob unsere Hemden noch naß waren, wenn wir zum Baden kamen. Die Badeanstalt war nur durch einen Schlengel vom offenen Elbstrom getrennt, und tüchtige Schwimmer kletterten auf die dort liegenden Segelschiffe und sprangen von der Reeling in den Strom. Der Weg von und nach der Badeanstalt war immer interessant. In der Brandstwiete, in den Reichenstraßen, am Schopenstehl usw. waren noch die vielen Speicher der Quartiersleute, die sich heute im Freihafengebiet befinden; denn ganz Hamburg war noch Zollausland. Alle Kolonialwaren, vor allem Zucker, Rohzucker (sogenannte Belgische Luupen, in Hamburg als „Negerschiet" bezeichnet), Rosinen, Mandeln usw. wurden hier gelagert, und wir Jungens fanden immer etwas undichte Säcke oder Kisten. Diese ganze Gegend hatte aber erst ihren höchsten Reiz, wenn „Hochwasser" war. Zuerst beim Zippelhaus, denn beim zweiten Schuß stieg das Wasser schon auf die Straße, und bald flutete es in die Hankentwiete hinein.

Jede Jahreszeit hatte für uns Kinder ihre besonderen Reize. Die Umzugtermine am 1. Mai und 1. November waren etwas Besonderes, wo jeder den Bodenrummel und das Bettstroh einfach auf die Straße warf und anzündete. Wir Jungens schleppten aus allen Winkeln und Höfen noch allerlei dazu; jede Straße wetteiferte, das größte Umzugsfeuer zu haben, wenigstens waren wir Jungen bemüht, diesen Ruhm zu halten.

Johannes Hirsch, „Mein Leben" (1933)

Blick vom Altonaer Fischmarkt in Hamburg

Am Altonaer Fischmarkt in Hamburg

Altonaer Fischmarkt am St. Pauli-Ufer in Hamburg

Im Duisburger Hafen
44

Folgende Doppelseite: Die Nordsee vor Westerland auf Sylt
Hamburger Hafen vom St. Pauli-Ufer

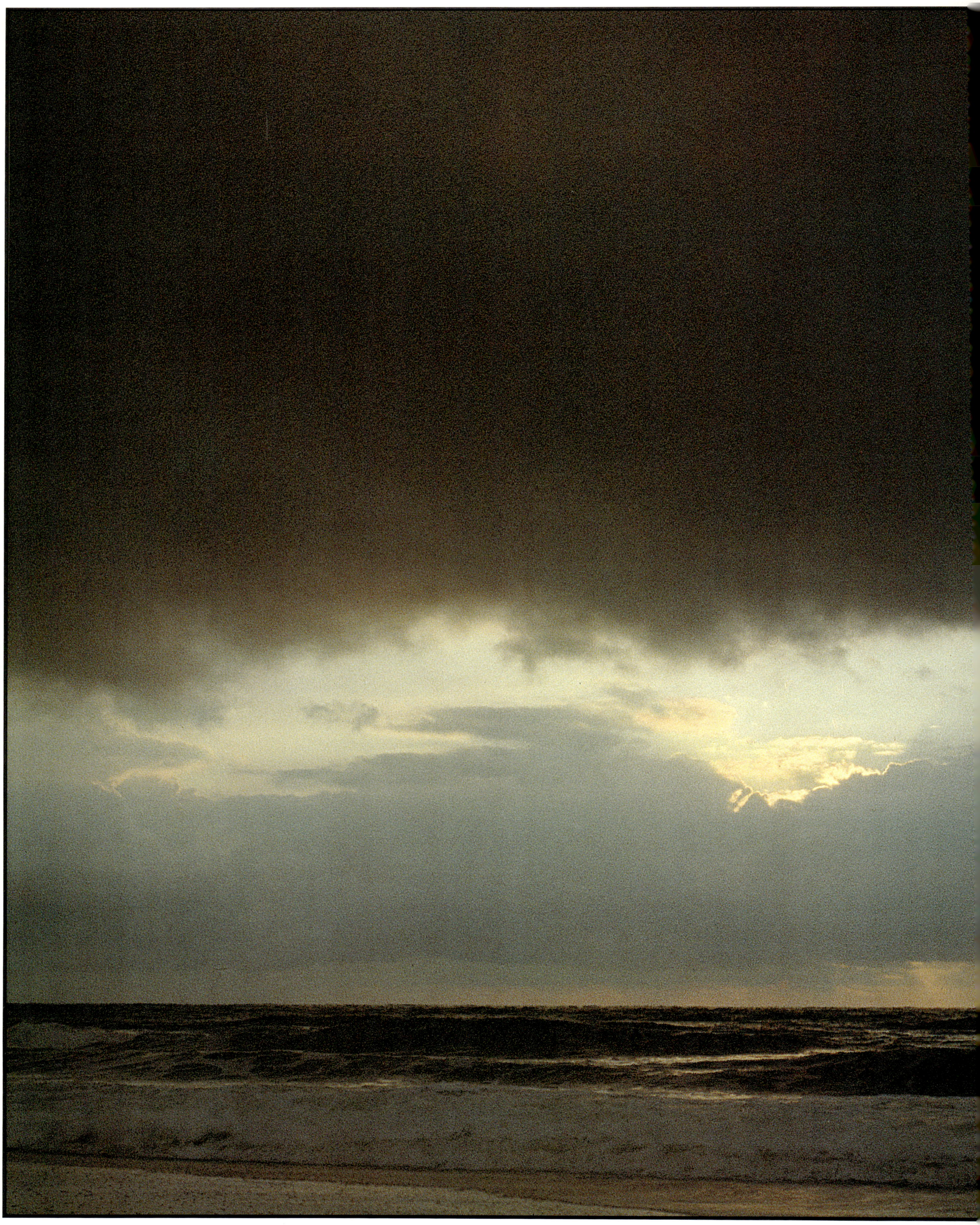

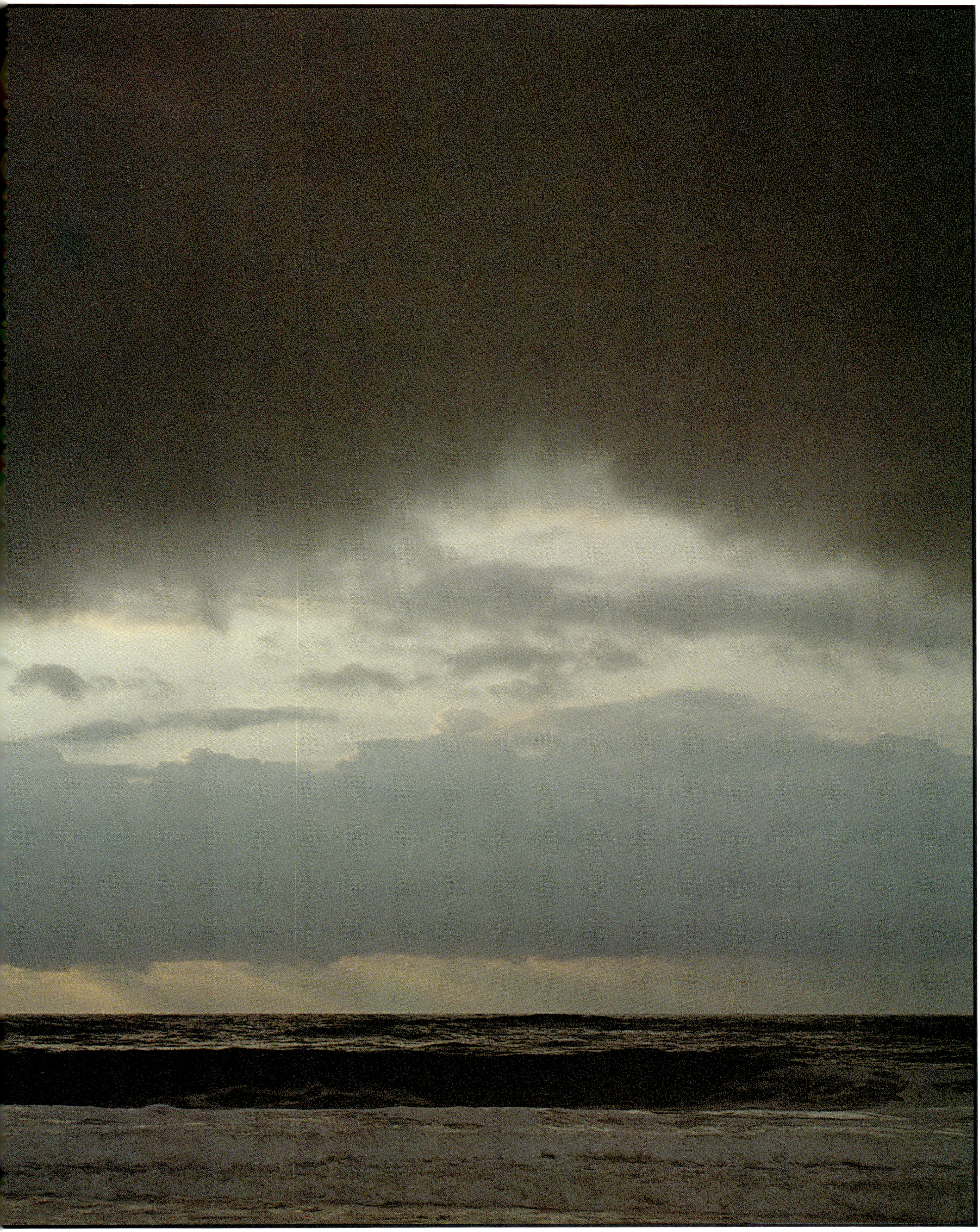

Frische Fische bei Burgstaaken auf Fehmarn

Im Hafen von Burgstaaken auf Fehmarn

Die Germanen selber, möchte ich glauben, sind eingeboren und gar nicht durch Einwanderung und Aufnahme anderer Stämme vermischt... Wer hätte Asien, Afrika oder Italien lassen und Germanien aufsuchen sollen, gestaltlos in seinen Bodenformen, rauh im Klima, trübselig in seiner Bestellung und seinem Anblick, außer wenn es ihm Heimat wäre? Sie feiern in alten Liedern – bei ihnen die einzige Art der Erinnerung und Geschichte – Tuisto, den aus der Erde geborenen Gott, und seinen Sohn Mannus als Ursprung und Gründer des Volkes...

Selber trete ich der Meinung derjenigen bei, die urteilen, daß die Völker Germaniens, durch keine Zwischenheiraten mit anderen Völkern verdorben, ein eigentümliches, unvermischtes und nur sich selber ähnliches Volk sind. Daher auch ist die Form des Körpers – und dies doch bei einer so großen Zahl von Menschen! – allen dieselbe: wilde blaue Augen, rötliches Haar, große, allerdings nur zum Angriff tüchtige Leiber; gegen Strapazen und Arbeit haben sie nicht die gleiche Härte. Gar nicht sind sie Durst und Hitze zu ertragen gewöhnt, Kälte und Hunger infolge des Klimas und Bodens.

Der Boden – wenn er sich auch im Aussehen ziemlich unterscheidet – ist im allgemeinen doch entweder durch rauhe Waldungen oder durch Sümpfe entstellt, feuchter nach Gallien, windreicher nach Noricum und Pannonien hin; er bringt Getreide hervor, trägt keine Obstbäume, ist reich an Vieh, aber das ist meist wenig stattlich... An der Zahl freuen sie sich; und das ist ihr einziger und willkommenster Reichtum...

Daß von den Völkern der Germanen keine Städte bewohnt werden, ist zur Genüge bekannt, auch daß sie nicht untereinander verbundene Wohnsitze ertragen. Sie wohnen getrennt und in verschiedenen Richtungen auseinander, wie ein Quell, wie ein Feld, wie ein Wäldchen Gefallen erregte...

Tacitus, „Germania" (98 n. Chr.)

Niedersächsischer Landarbeiter

Bauernhof im Kreis Rendsburg

Landschaft bei Oldenburg

Bei Grömitz in Schleswig-Holstein

In Schuby bei Schleswig

... das Reich hatte keinen geistigen Mittelpunkt, kein Zentrum der öffentlichen Meinung; es bildete keine in sich zusammengeschlossene Nation: dem Bündel fehlte das haltende Band. Diese Zerrissenheit Deutschlands aber, die seiner politischen Kraft verderblich war, war allen möglichen Versuchen, die Genie und Einbildungskraft wagen mochten, äußerst förderlich. Es herrschte in bezug auf literarische und metaphysische Meinungen eine Art milde, friedliche Anarchie, die jedem gestattete, seine individuelle Anschauungsweise vollständig frei zu entwickeln.

Da es keine Hauptstadt gibt, in der sich die gute Gesellschaft des gesamten Deutschland zusammenfindet, so hat der gesellschaftliche Geist wenig Macht: die Herrschaft des Geschmacks und die Waffe des Spotts sind ohne Einfluß ...

Die Liebe zur Freiheit ist bei den Deutschen nicht entwickelt. Sie haben weder durch ihren Genuß noch durch ihre Entbehrung den Wert kennengelernt, den man auf ihren Besitz legen kann ...

Die Gebildeten Deutschlands machen einander mit größter Lebhaftigkeit das Gebiet der Theorien streitig und dulden in diesem Bereich keine Fessel, ziemlich gern aber überlassen sie dafür den irdischen Machthabern die ganze Wirklichkeit des Lebens. Diese Wirklichkeit, die sie so gering schätzen, findet jedoch Besitzer, die dann Störung und Zwang selbst im Reich der Phantasie verbreiten.

Germaine de Staël, „Über Deutschland" (1810)

DDR-Grenze südlich von Duderstadt (Niedersachsen)

Die Siegessäule in Berlin

Im Märkischen Viertel in Berlin

Tausend miserable Schriftsteller haben Berlin schon in Prosa und Versen gefeiert, und es hat in Berlin kein Hahn danach gekräht, und kein Huhn ist ihnen dafür gekocht worden, und man hat sie unter den Linden immer noch für miserable Poeten gehalten, nach wie vor. Dagegen hat man ebensowenig Notiz davon genommen, wenn irgendein After-Poet etwa in Parabasen auf Berlin losschalt. Wage es aber mal jemand, gegen Polkwitz, Innsbruck, Schilda, Posen, Krähwinkel und andre Hauptstädte etwas Anzügliches zu schreiben! Wie würde sich der respektive Patriotismus dort regen! Der Grund davon ist: Berlin ist gar keine Stadt, sondern Berlin gibt bloß den Ort dazu her, wo sich eine Menge Menschen, und zwar darunter viele Menschen von Geist, versammeln, denen der Ort ganz gleichgültig ist; diese bilden das geistige Berlin. Der durchreisende Fremde sieht nur die langgestreckten, uniformen Häuser, die langen, breiten Straßen, die nach der Schnur und meistens nach dem Eigenwillen eines Einzelnen gebaut sind und keine Kunde geben von der Denkweise der Menge. Nur Sonntagskinder vermögen etwas von der Privatgesinnung der Einwohner zu erraten, wenn sie die langen Häuserreihen betrachten, die sich, wie die Menschen selbst, voneinander fern zu halten streben, erstarrend im gegenseitigen Groll. Nur einmal, in einer Mondnacht, als ich etwas spät von Lutter und Wegner heimkehrte, sah ich, wie jene harte Stimmung sich in milde Wehmut aufgelöst hatte, wie die Häuser, die einander so feindlich gegenübergestanden, sich gerührt baufällig christlich anblickten und sich versöhnt in die Arme stürzen wollten, so daß ich armer Mensch, der in der Mitte der Straße ging, zerquetscht zu werden fürchtete. Manche werden diese Furcht lächerlich finden, und auch ich lächelte darüber, als ich nüchternen Blicks den andern Morgen durch eben jene Straßen wanderte und sich die Häuser wieder so prosaisch entgegengähnten. Es sind wahrlich mehrere Flaschen Poesie dazu nötig, wenn man in Berlin etwas anderes sehen will als tote Häuser und Berliner. Hier ist es schwer, Geister zu sehen.

Heinrich Heine, „Reisebilder. Reise von München nach Genua" (1828)

Studenten in Bonn

Geschäft während der Bonner Friedensdemonstration 1981

Friedensdemonstrantin

Friedensdemonstration im Bonner Hofgarten

Beethoven-Denkmal am Münster-Platz in Bonn

Unsere neue Vielgestaltung ist bloß die Anverwandte unserer alten. Für diese wird ein Geschichtschreiber Mütter genug finden. Nicht bloß darum, weil kein Volk so oft wanderte als (nach Herder) das deutsche, daher der Name Sweven von Schweifen, Vandalen von Wandeln – denn die Juden und Zigeuner machten die längste grand tour, die es gibt, aber als lauter von Ursitten versteinerte Gestalten –, sondern hauptsächlich deshalb, weil das reisende Deutschland zugleich auch ein durchreistes ist von Kriegherrn und Kauffahrtei-Kirwanen – und weil dieses Herz Europens alle Völker als Adern wässert – und weil Deutschland ein ganzes Volk von Völkchen, ein Land voll Ländchen und ein Spielplatz von Himmelsstrichen ist – und weil das vielgestaltete Reich der noch mehrgestaltige Grenzumkreis von Russen, Welschen, Galliern und noch dabei näher die Mannigfaltigkeit der halben oder Dreiviertelbrüderschaft von Schweizern, Holländern und Elsässern und Nordländern und Ungarn einfaßt – und endlich, weil die Deutschen fast auf allen ausländischen Thronen eine Zeitlang gesessen, welche als deutsche geistige Niederlassungen und Warenniederlassungen uns wieder eben darum fremde Waren zuschickten – nach allen diesen Einwirkungen und noch mehren mußte schon früher Deutschland den Steinen gleich werden, auf welchen die Abdrücke der ungleichartigsten Gegenstände von Pflanzen und von See- und von Landtieren zugleich erscheinen.

Jean Paul, „Politische Fastenpredigten" (1816)

Kölner Karneval

Kölner Karneval

Kölner Karneval

Wir saßen stundenlang auf dem Verdeck und blickten in die grüne, jetzt bei dem niedrigen Wasser wirklich erquickend grüne Welle des Rheins; wir weideten uns an dem reichen, mit aneinander hangenden Städten besäeten Rebengestade, an dem aus der Ferne her einladenden Gebäude der Probstei Johannisberg, an dem Anblick des romantischen Mäuseturms und der am Felsen ihm gegenüber hangenden Warte. Die Berge des Niederwalds warfen einen tiefen Schatten auf das ebene, spiegelhelle Becken des Flusses, und in diesem Schatten ragte, durch einen zufälligen Sonnenblick erleuchtet, Hattos Turm weiß hervor, und die Klippen, an denen der Strom hinunterrauscht, brachen ihn malerisch schön. Die Noh, mit ihrer kühnen Brücke und der Burg an ihrem Ufer, glitt sanft an den Mauern von Bingen hinab, und die mächtigeren Fluten des Rheins stürzten ihrer Umarmung entgegen.

Wunderbar hat sich der Rhein zwischen den engen Tälern einen Weg gebahnt. Kaum begreift man auf den ersten Blick, warum er hier (bei Bingen) lieber zwischen die Felswände von Schiefer sich drängte, als sich in die flachere Gegend nach Kreuznach hin ergoß. Allein bald wird man bei genauerer Untersuchung inne, daß in dieser Richtung die ganze Fläche allmälich steigt und wahrer Abhang eines Berges ist. Wenn es demnach überhaupt dem Naturforscher ziemt, aus dem vorhandenen Wirklichen auf das vergangene Mögliche zu schließen, so scheint es denkbar, daß einst die Gewässer des Rheins vor Bingen, durch die Gebirgswände gestaucht und aufgehalten, erst hoch anschwellen, die ganze flache Gegend überschwemmen, bis über das Niveau der Felsen des Bingerlochs anwachsen und dann unaufhaltsam in der Richtung, die der Fluß noch jetzt nimmt, sich nordwärts darüber hinstürzen mußten. Allmälich wühlte sich das Wasser tiefer in das Felsenbett, und die flachere Gegend trat wieder aus dem selben hervor. Dies vorausgesetzt, war vielleicht das Rheingau, ein Teil der Pfalz und der Bezirk um Mainz bis nach Oppenheim und Darmstadt einst ein Landsee, bis jener Damm des Binger Felsentals überwältigt ward und der Strom einen Abfluß hatte.

Georg Forster, „Ansichten vom Niederrhein..." (1790)

Ruderbewerb in Fühlingen bei Köln

Der Rhein bei Bingen
72

Folgende Doppelseite: Der Rhein bei Boppard und Bornhofen
Bei Xanten am Niederrhein

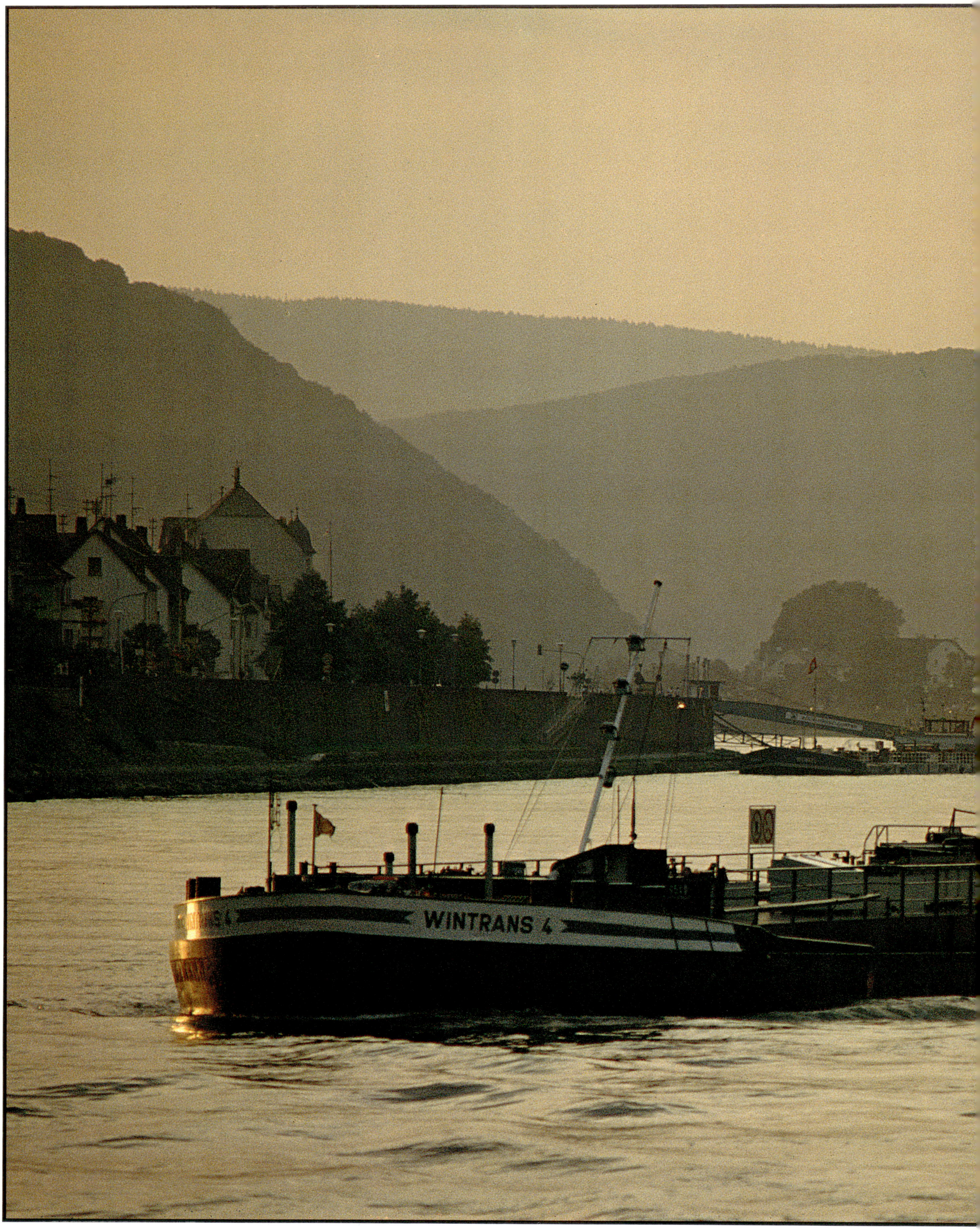
WINTRANS 4

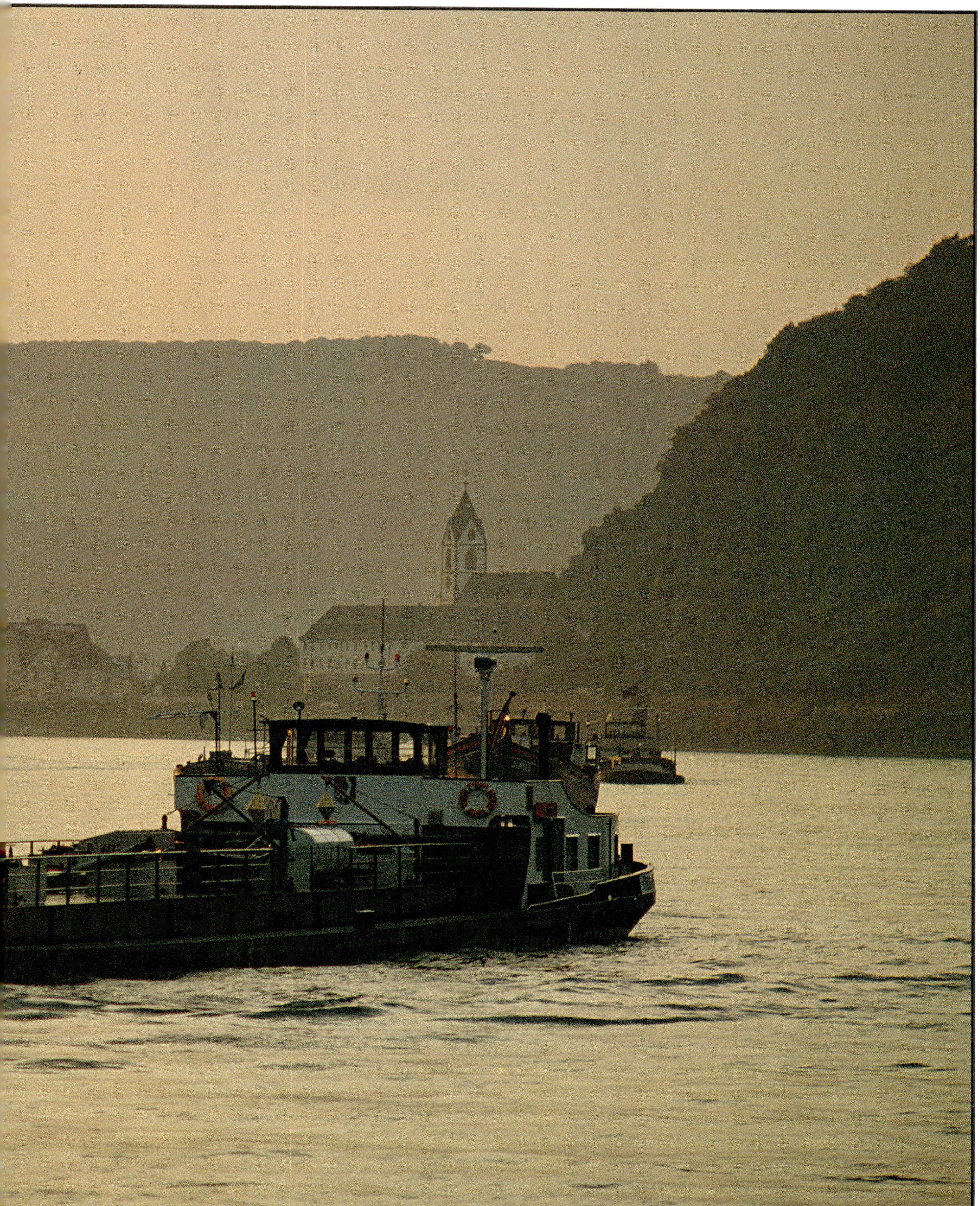

Als das älteste von sieben Kindern ... wurde ich am 17. Januar 1826 in Dortmund geboren. Wer heutigen Tages meine Vaterstadt sieht, an einem der belebtesten Knotenpunkte des bergisch-märkischen Eisenbahnnetzes, inmitten des westfälischen Kohlendistriktes und eines hochgesteigerten industriellen Treibens, umstarrt von einem Walde dampfender Schornsteine, in einer dicken Atmosphäre von Staub, Rauch, Ruß und qualmenden Dämpfen aller Art, der wird sich keine Vorstellung machen können von dem idyllischen Frieden, der vor wenigen Decennien die Stadt und ihren weiteren Umkreis umfing. Die jetzt auf etwa 85.000 Einwohner angewachsene Fabrikstadt war damals ein stilles Landstädtchen von etwa 6000 Einwohnern, die sich hauptsächlich dem Ackerbau und der Viehzucht widmeten. In einer der gesegnetsten Korngegenden der Provinz gelegen, war die Stadt zunächst von einem Kranz von Gärten umgeben, die indes keine Ziergärten waren, sondern der Gemüse- und Obstzucht dienten. Um diesen inneren Kranz dehnte sich ein zweiter gut eine halbe Stunde breiter Gürtel von Wiesen aus, auf denen die Herden der Bürger in gemeinsamer Hut weideten. An diese wieder schlossen sich nach Norden, Westen und Osten herrliche alte Eichenwälder ... Dabei war die Stadt noch im Besitz ihrer mittelalterlichen Befestigungen, ihrer Mauern mit ihren Türmen, ihrer Wälle und Gräben, obwohl letztere längst teilweis ausgefüllt waren und besonders geschützte wohlgepflegte Obst- und Gemüsegärten enthielten ...

Die Wälle aber waren für uns Kinder der eigentliche Fest- und Spielplatz, namentlich da, wo sie sich über den Torgängen zu größeren Rasenplätzen erweiterten. Wie oft hab' ich an milden Frühlingstagen mich dort im hohen Grase gesonnt, geträumt und wohl auch ein Gedicht riskiert! ... Man hörte nichts als von fern das Glockengeläut der Herde oder abends auch wohl die Gesänge der Milchmädchen, die vom Melken in die Stadt heimkehrten. Jetzt sieht man die kümmerlichen Überreste der ehrwürdigen Bäume inmitten des modernen Eisenbahngetriebes, eingepfercht in einen Zaun, umbraust vom heutigen Geschäftsverkehr und umqualmt von seinen Rauchwolken.

Wilhelm Lübke, „Lebenserinnerungen" (1891)

Folgende Doppelseite: Zwischen Hamm und Werne
Im südlichen Ruhrgebiet bei Remscheid

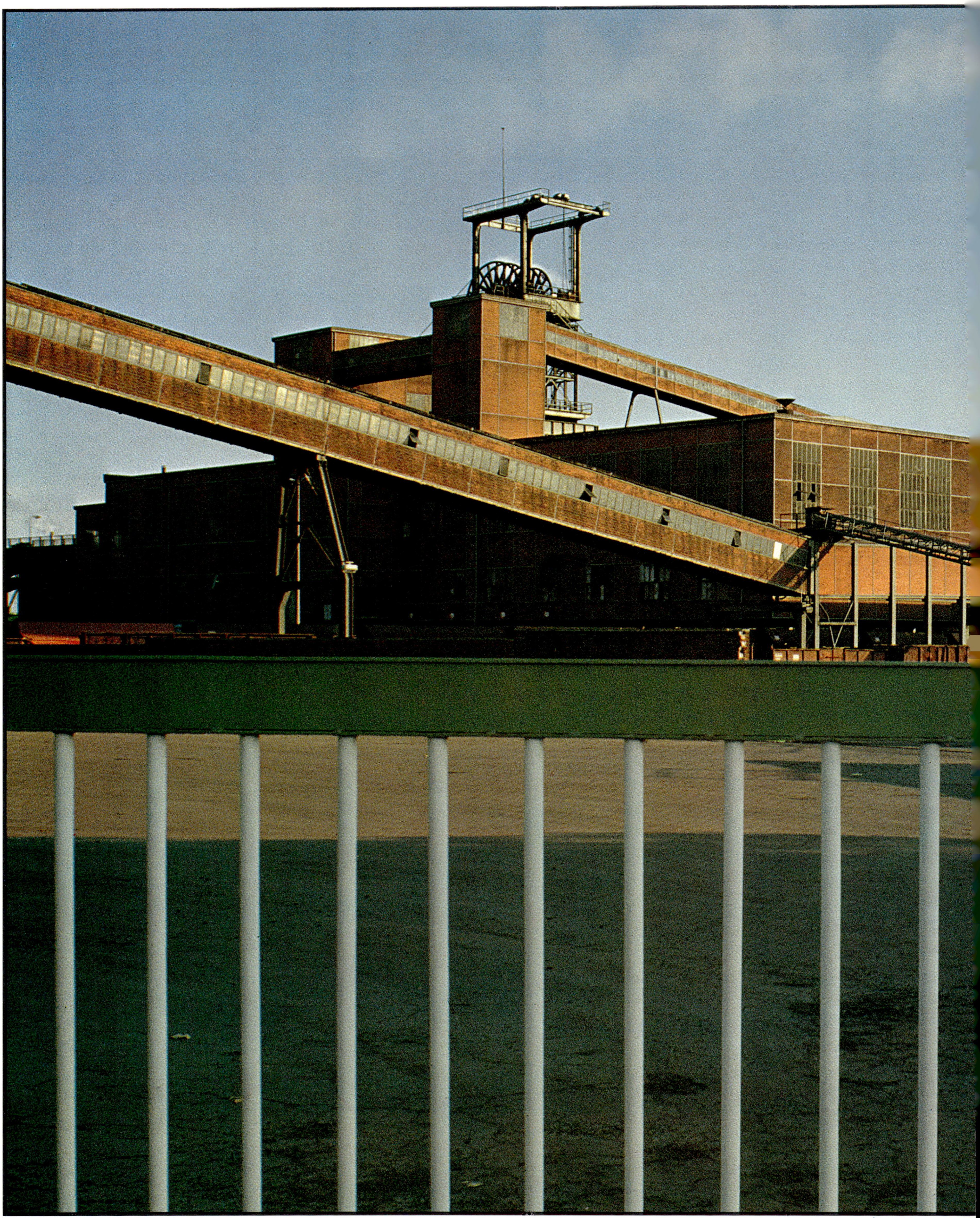

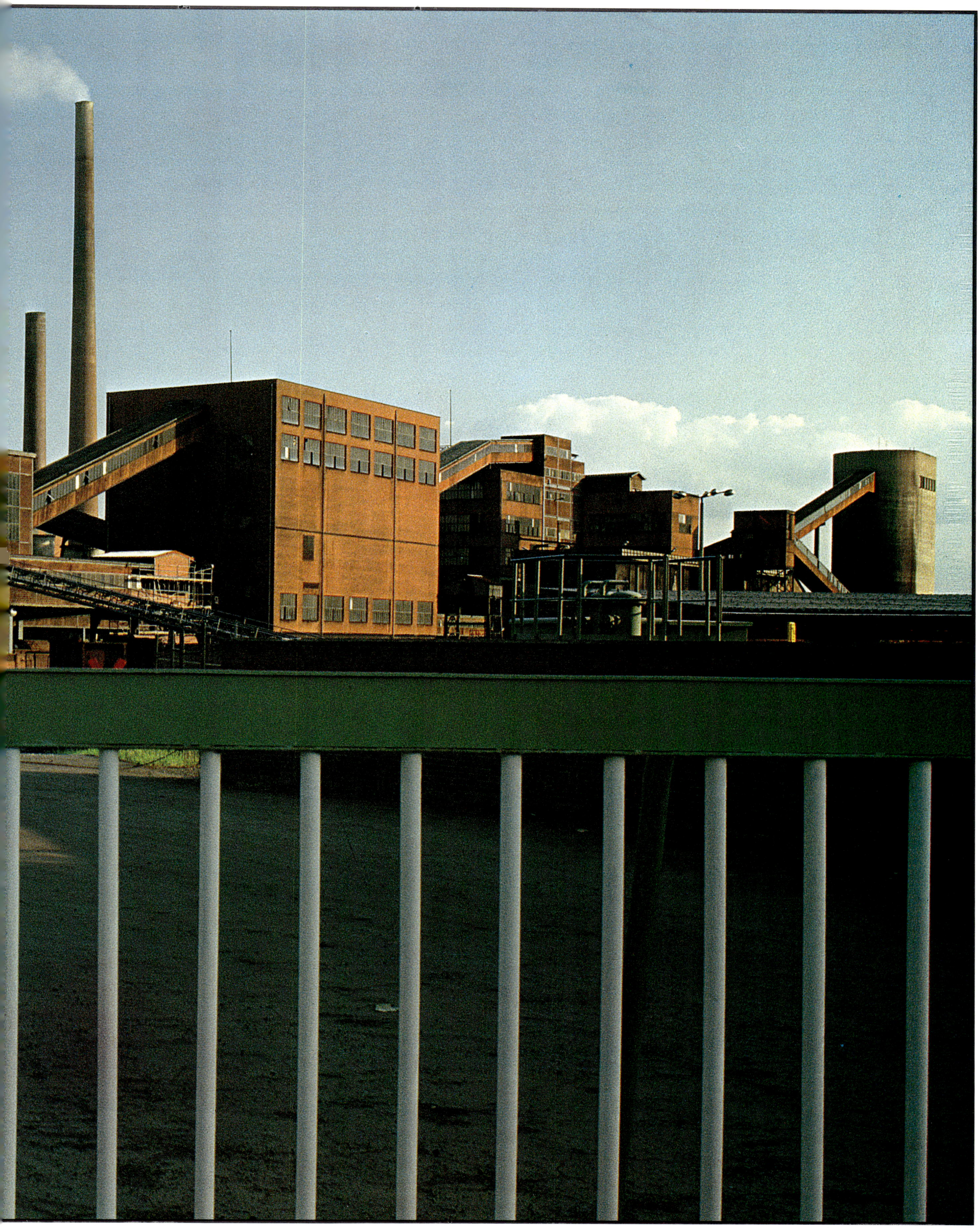

In Duisburg

In Dortmund

„Tag des ausländischen Mitbürgers" in Fürth

„Tag des ausländischen Mitbürgers" in Fürth

Das Schauspielhaus in Düsseldorf

Kirmes in Düsseldorf-Oberkassel

In München

In Hannover

In Düsseldorf

In Düsseldorf

U-Bahn in Bonn

Folgende Doppelseite: Rathaus und Münster in Essen
An einem Fabrikstor bei Stuttgart

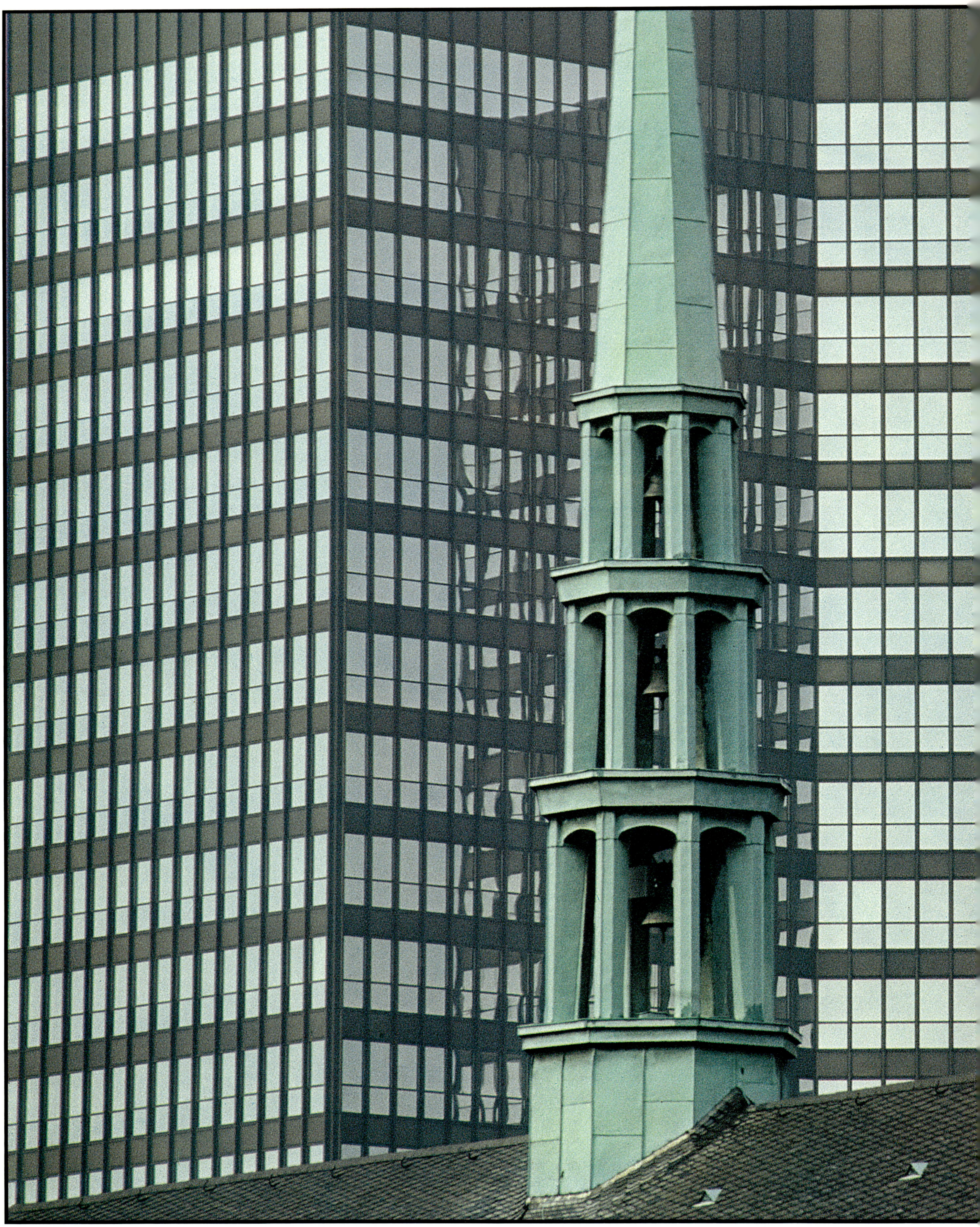

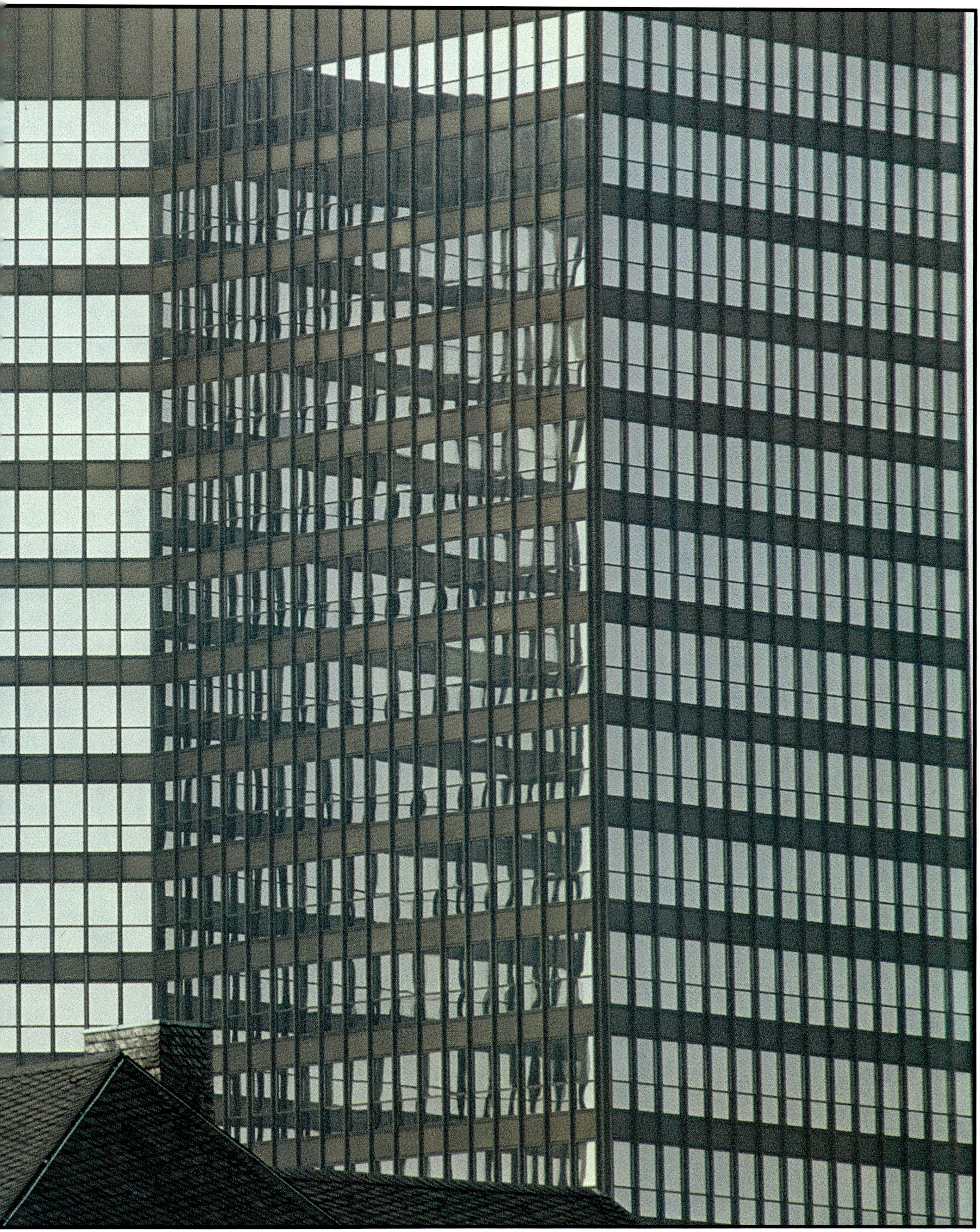

In Frankfurt

Vor dem Frankfurter Römer

Der Krönungstag brach endlich an, den 3. April 1764; das Wetter war günstig und alle Menschen in Bewegung. Man hatte mir, nebst mehrern Verwandten und Freunden, in dem Römer selbst, in einer der obern Etagen, einen guten Platz angewiesen, wo wir das Ganze vollkommen übersehen konnten... Der große Platz füllte sich nach und nach, und das Wogen und Drängen ward immer stärker und bewegter, weil die Menge womöglich immer nach der Gegend hinstrebte, wo ein neuer Auftritt erschien und etwas Besonderes angekündigt wurde.

Bei all dem herrschte eine ziemliche Stille, und als die Sturmglocke geläutet wurde, schien das ganze Volk von Schauer und Erstaunen ergriffen...

Auf dem Platze war jetzt das Sehenswürdigste die fertig gewordene und mit rotgelb- und weißem Tuch überlegte Brücke, und wir sollten den Kaiser, den wir zuerst im Wagen, dann zu Pferd sitzend angestaunt, nun auch zu Fuße wandelnd bewundern; und sonderbar genug, auf das letzte freuten wir uns am meisten; denn uns deuchte diese Weise, sich darzustellen, so wie die natürlichste, so auch die würdigste...

Der von dem Markt her ertönende Jubel verbreitete sich nun auch über den großen Platz, und ein ungestümes Vivat erscholl aus tausend und abertausend Kehlen, und gewiß auch aus den Herzen. Denn dieses große Fest sollte ja das Pfand eines dauerhaften Friedens werden, der auch wirklich lange Jahre hindurch Deutschland beglückte.

Johann Wolfgang Goethe, „Dichtung und Wahrheit" (1811)

Folgende Doppelseite: Turnfest im Frankfurter Waldstadion
Deutsches Turnfest in Frankfurt

| 26 | 27 | 28 | 29 | 30 | 31 |

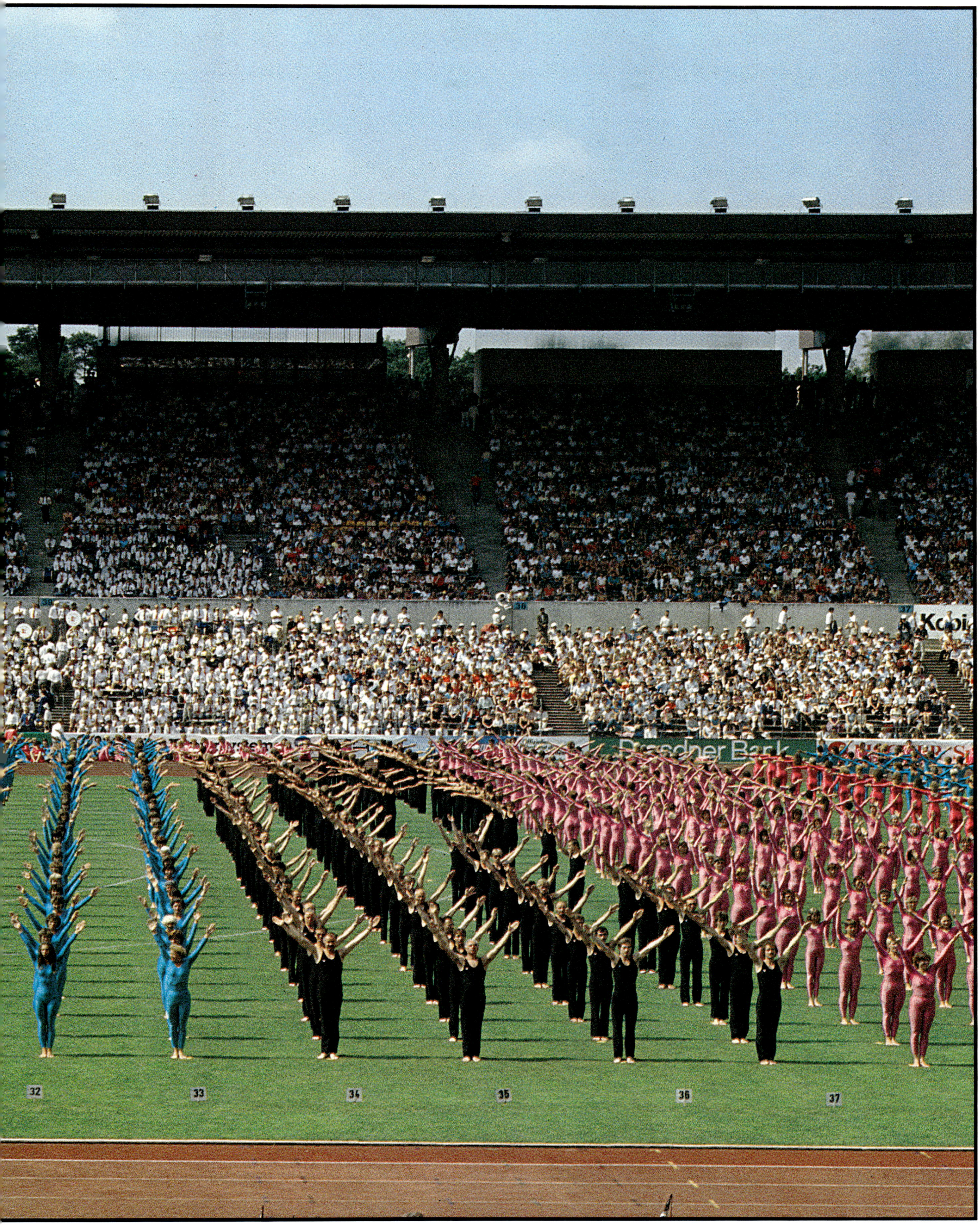
Dresdner Bank
32
33
34
35
36
37

Vom Deutschen Turnfest in Frankfurt

Vom Deutschen Turnfest in Frankfurt

Die Strecke von Frankfurt nach Stuttgart bietet nichts Interessantes, und ich empfing von dieser Fahrt keinen Eindruck, den ich Ihnen erzählen könnte: nicht die kleinste romantische Ansicht zu beschreiben, kein dunkler Wald, kein Kloster, keine einsame Kapelle, kein Bergstrom, kein großes nächtliches Geräusch, nicht einmal das von Don Quichottens Windmühlen; weder Jäger noch Milchmädchen, weder eine klagende Jungfrau noch ein verirrtes Kälbchen, kein Räuber und kein Gendarm, kein Bettler und kein König, kein Seelenhirt und kein Schafhirt; kurz, nichts als der Mondschein, das Traben der Pferde und das Schnarchen des Kutschers. Ab und zu einige häßliche Bauern, einen großen Dreispitz auf dem Kopf, in einem immensen Gehrock aus ehemals weißer Leinwand, dessen endlose Schöße sich zwischen ihren schmuddligen Beinen verwickeln: eine Tracht, die ihnen das Aussehen eines Pfarrers in großem Negligé gibt. Das war alles!
Hector Berlioz, „Memoiren. Erste Reise nach Deutschland 1841–1842"

Folgende Doppelseite: In Freudenberg bei Siegen
An der Mosel

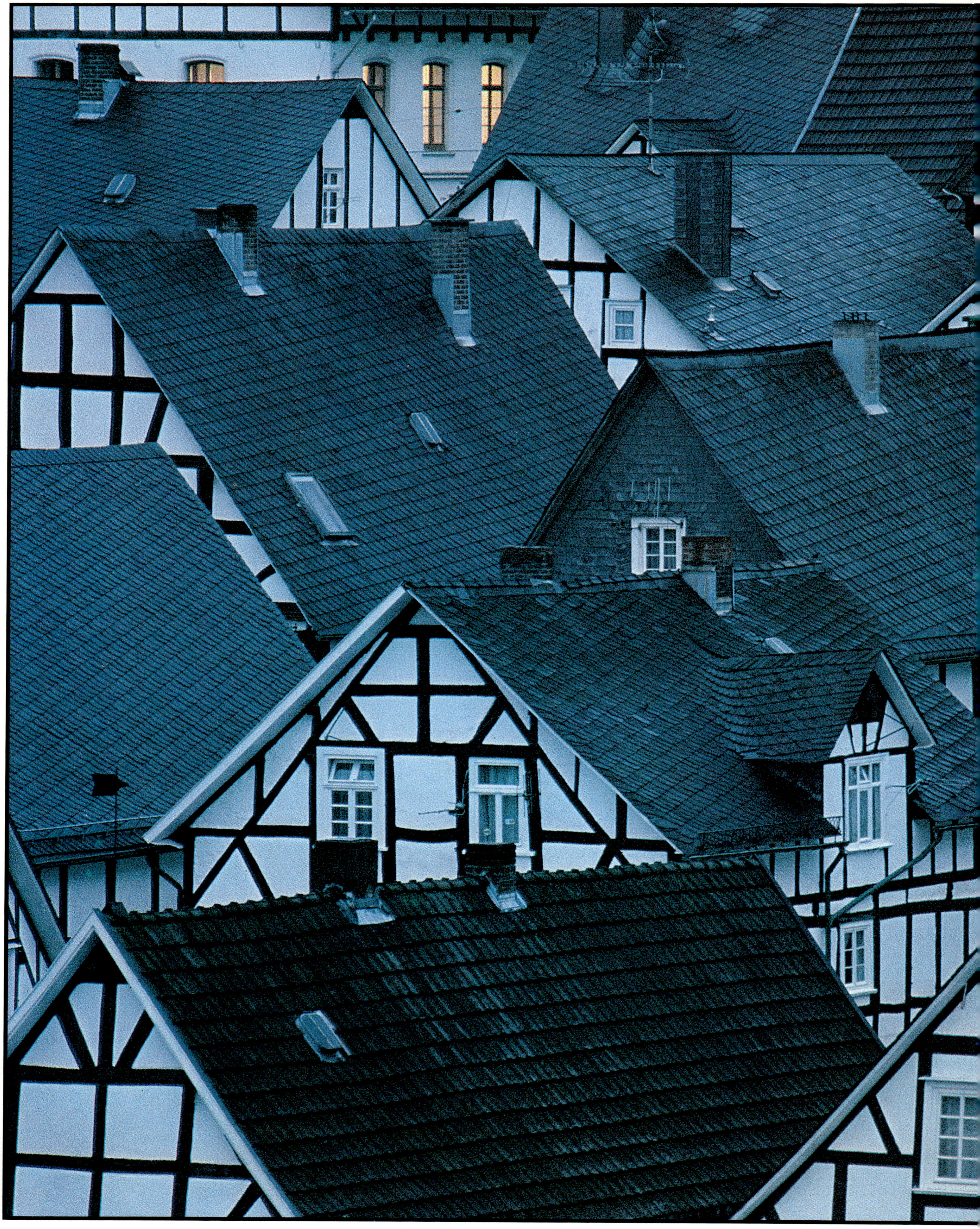

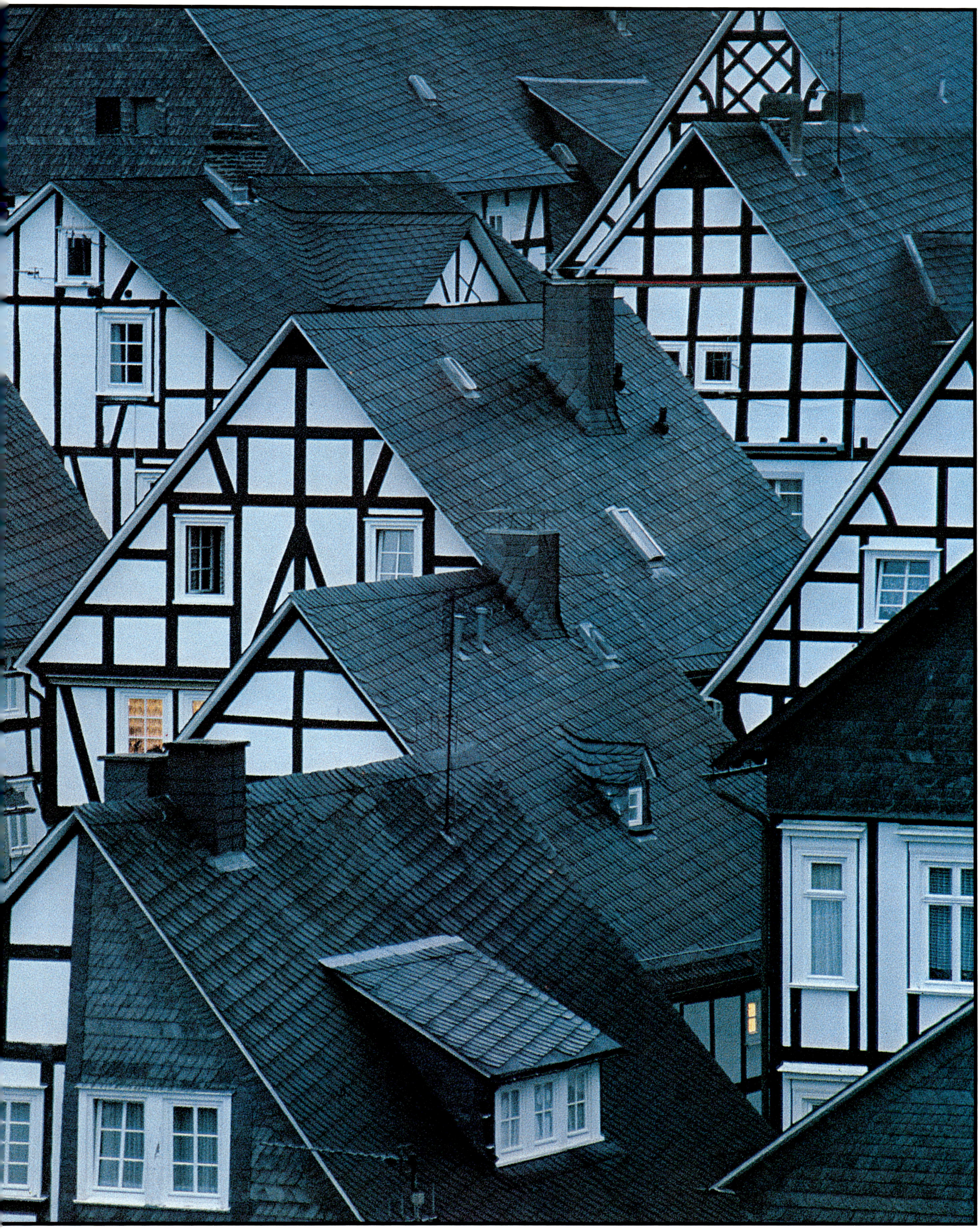

Bei Schwalbach im Saarland

Folgende Doppelseite: In der Holledau südlich von Ingolstadt
Im Allgäu

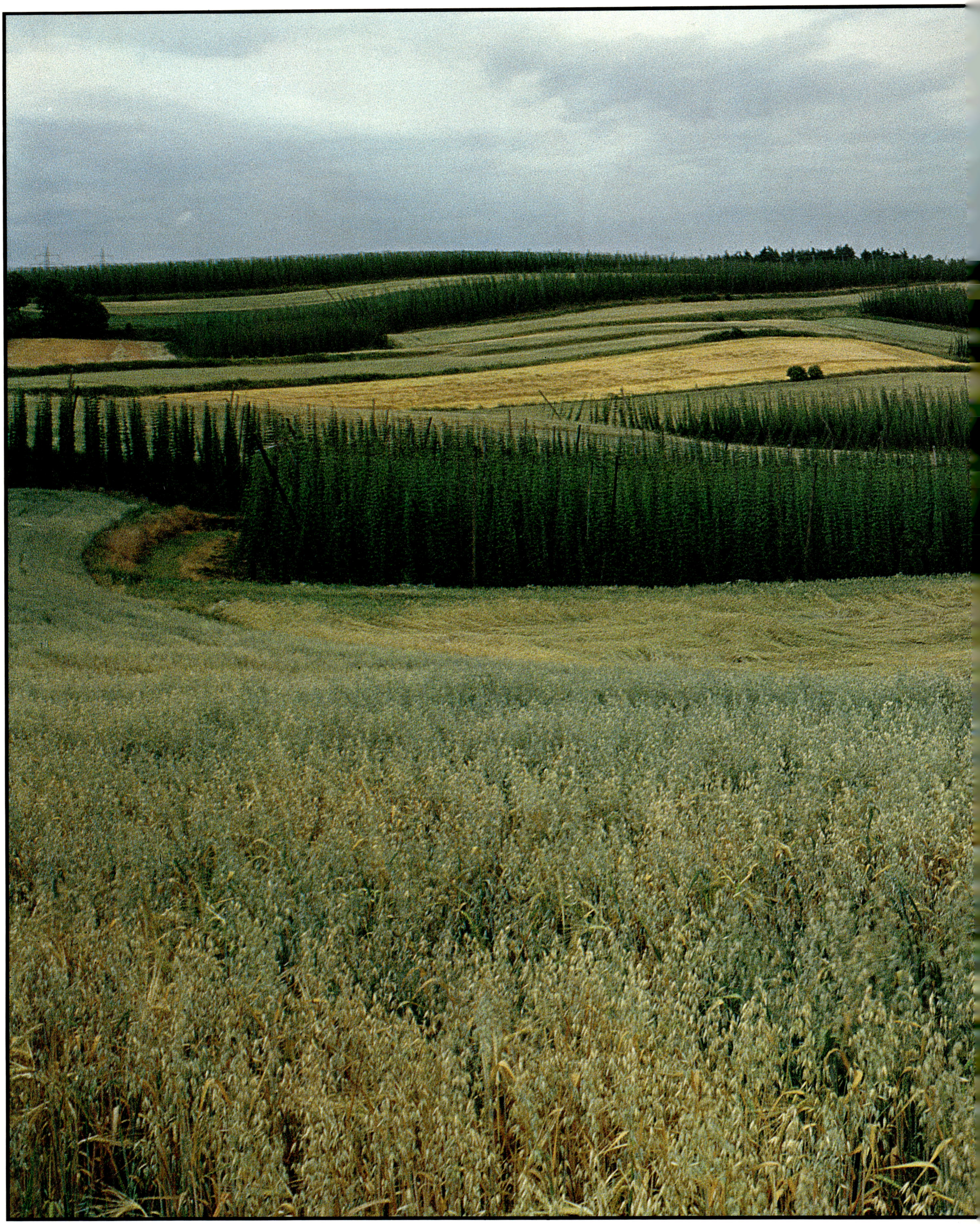

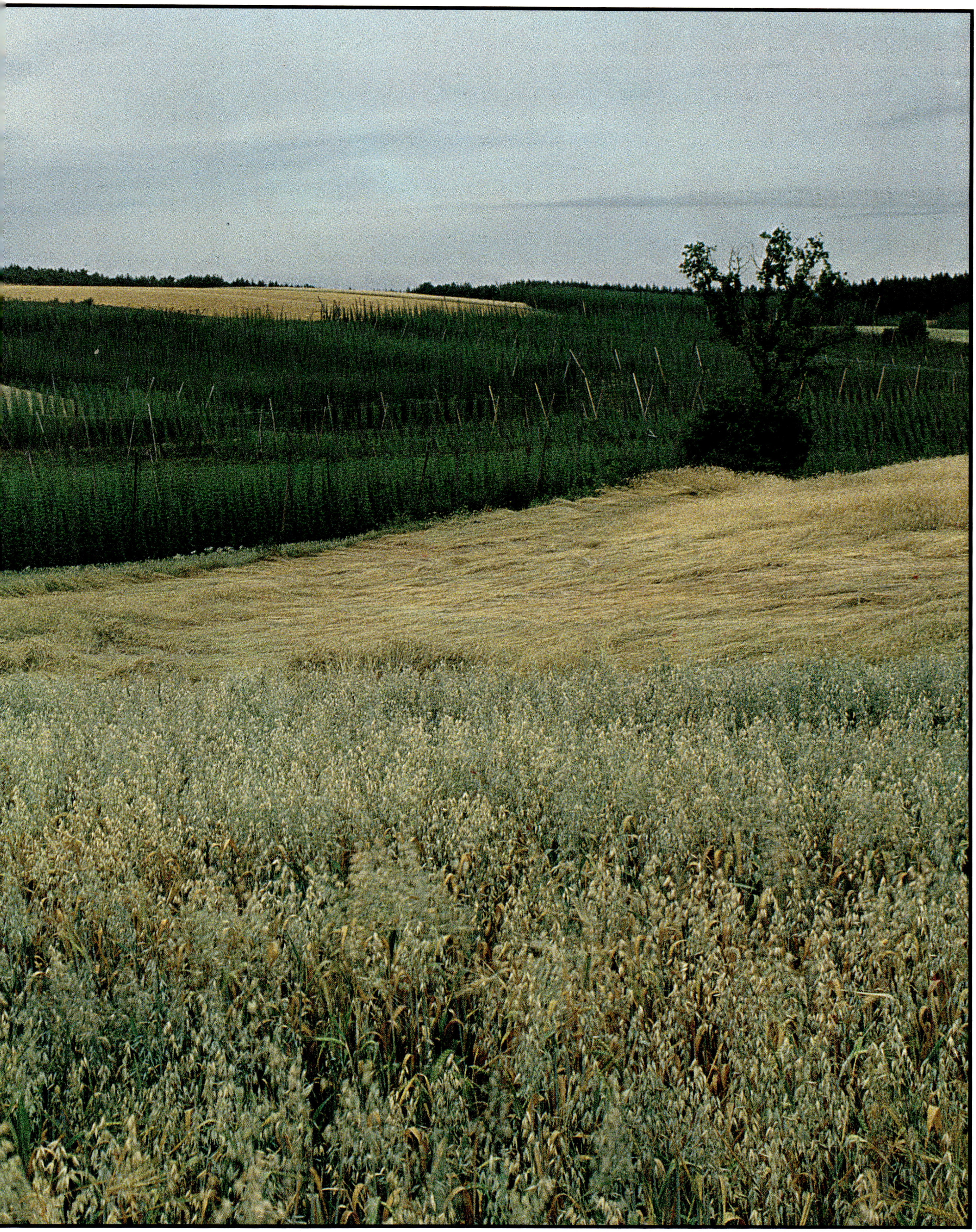

Bei Waldmünchen im Bayerischen Wald

Bei Neukirchen nördlich von Passau

In Maulbronn bei Pforzheim

In Attenweiler nördlich von Biberach

Fronleichnam in Chieming in Oberbayern

Tracht in Baden-Baden

Dieses Württemberg ist recht die Heimat des Spuk- und Gespensterwesens, der Wunder des Seelenlebens und der Traumwelt. Die Einbildungskraft der Schwaben hat dafür eine außerordentliche Empfänglichkeit, ihre Nerven sind nach dieser Richtung besonders ausgebildet. Das Land ist gepfropft voll von Sagen, Prophezeiungen, Wundern, Seltsamkeiten dieser Art. Die Physiognomie des Bodens trägt gewiß das ihrige dazu bei, sie spricht im allgemeinen das Gemüt tief an, man fühlt sich einsam und wie aus der Welt geschieden in diesen beschränkten Talstrecken und auf diesen mäßigen Höhenzügen; überall trifft der Blick auf zerstörte Burgen, einsame Kapellen, man wird an ein vergangenes Leben erinnert, zwischen dessen Trümmern sich die Gegenwart kleinlich ausnimmt. Tübingen besonders hat in seinem Örtlichen etwas Ahndungsvolles, Seltsames, und es gibt Hügelecken und Talwindungen, wo man am hellen Mittag irgendeine Unheimlichkeit argwöhnen könnte. Sonderbar ist es, daß gegen diese Stimmung des Landes und der Einwohner die Wirksamkeit des Protestantismus, der hier in den trefflichsten Anstalten und Geistlichen eine unaufhörliche Quelle tief in das Volk dringender Bildung ist, bisher nichts vermocht hat.

Varnhagen von Ense, „Denkwürdigkeiten des eigenen Lebens" (1808)

Bei Stuttgart

Bei Daimler-Benz in Sindelfingen

Bei Daimler-Benz in Sindelfingen

Wir denken gut und reden schlecht, reden viel und tun wenig, tun manches und vollbringen nichts. Aber unsere Gleichgültigkeit gegen Handlungen entspringt nicht aus unsrer Vorliebe für Worte, sondern umgekehrt, unsre Vorliebe für Worte entspringt aus Scheu vor Handlungen. Die keuschen Deutschen wenden ihre Augen weg vor jeder nackten Tat. Es geschieht etwas ohne Umstände – pfui, wie abscheulich!... Aber Worte sind die Kleider der Taten. Bei uns machen nicht bloß Kleider, auch Worte machen Leute. Diese Tatenscheu hat ihren Grund in der Geheimnissucht, die uns angeboren ist, die wir geerbt. Wir tun gern nichts, denn das nicht Geschehene bleibt am leichtesten verschwiegen. Das Geheimnis ist unser Gott, Verschwiegenheit unsere Religion. Wir lieben die Stille und das Grauen. Bei uns hat jeder seine Geheimnisse oder sucht sie, der Bettler wie der König. Der Minister möchte gern jede Bombe im Kriege mit Baumwolle umwickeln, daß man sie nicht fallen höre, und der Polizeidirektor meint, der Staat würde zugrunde gehen, wenn der Bürger erführe, daß sich sein guter Nachbar am Morgen erhenkt hat. Wer von uns den Jüngsten Tag erlebt, wird viel zu lachen bekommen. Was Gott unter zwanzig Bogen spricht, wird zensiert werden, und wenn die Welt brennt und das Fett schmilzt von den Sündern herab, wird die Polizei bekanntmachen: „Unruhestifter haben das Gerücht verbreitet, es sei heiß in der Welt; aber das ist eine hämische Lüge, das Wetter war nie kühler und schöner gewesen. Man warnt jedermann vor unvorsichtigen Reden und müßigem Umherschweifen auf der Straße. Eltern sollen ihre Kinder, Lehrer ihre Schüler, Meister ihre Gesellen im Hause behalten! Man bleibe ruhig! Ruhe ist die erste Bürgerpflicht." Und dann wird die Welt untergehen und ruhig werden, und dann wird die ganze Welt deutsch sein.
Ludwig Börne, „Dramaturgische Blätter: Das Trauerspiel in Tirol" (1828)

Der Weinstadel an der Pegnitz in Nürnberg

Christkindlesmarkt in Nürnberg

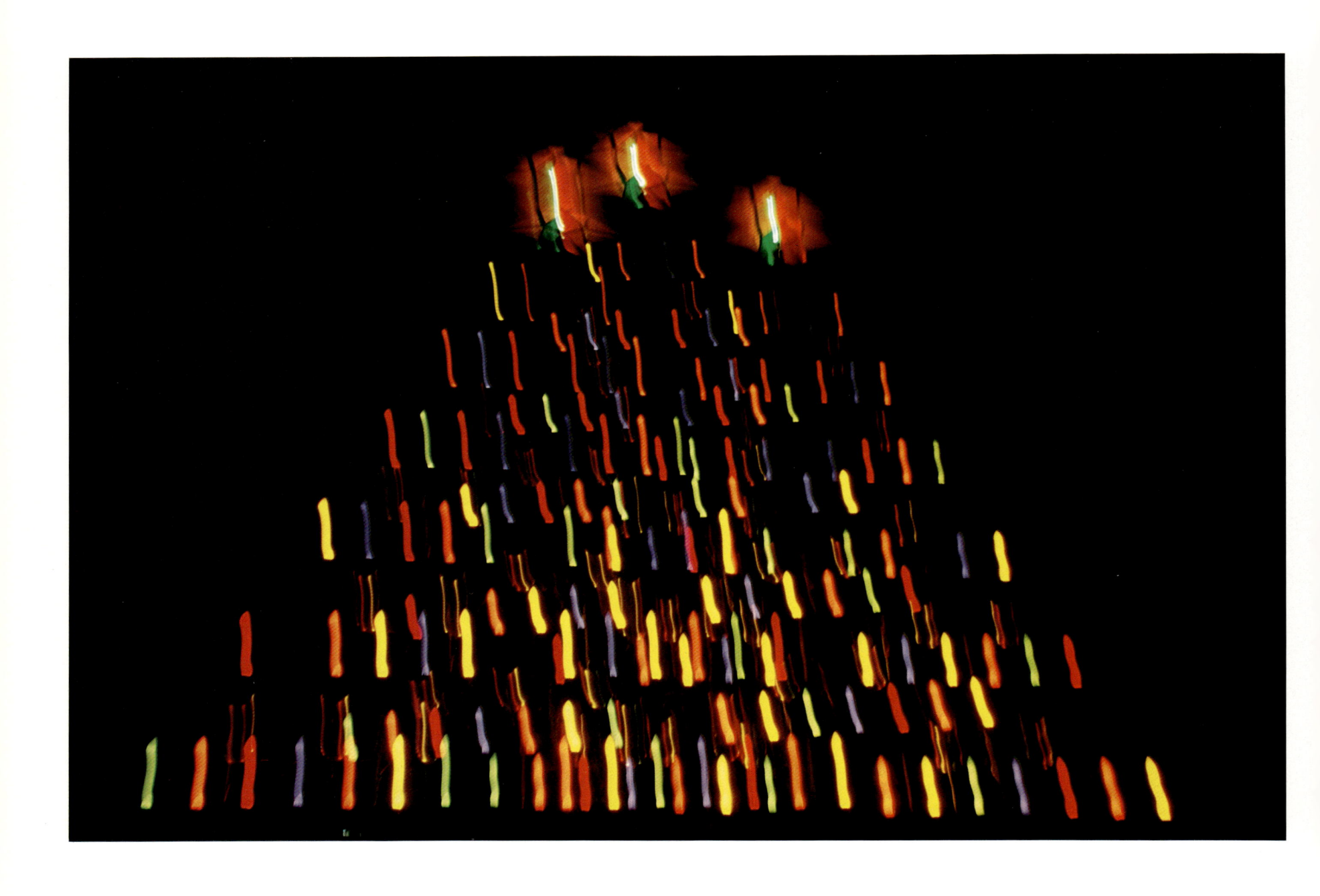

Christkindlesmarkt in Nürnberg

Ich selbst betrachte eigentlich die Landschaft gar nie. Ich erfahre ihren stündlichen, täglich-nächtlichen Wandel im großen Auf und Ab der Jahreszeiten. Die Schwere der Berge und die Härte ihres Urgesteins, das bedächtige Wachsen der Tannen, die leuchtende, schlichte Pracht der blühenden Matten, das Rauschen des Bergbaches in der weiten Herbstnacht, die strenge Einfachheit der tiefverschneiten Flächen, all das schiebt sich und drängt sich und schwingt durch das tägliche Dasein dort oben. Und das wiederum nicht in gewollten Augenblicken einer genießerischen Versenkung und künstlichen Einfühlung, sondern nur, wenn das eigene Dasein in seiner *Arbeit* steht. Die Arbeit *öffnet erst* den Raum für diese Bergwirklichkeit. Der Gang der Arbeit bleibt in das Geschehen der Landschaft eingesenkt... Und die philosophische Arbeit verläuft nicht als abseitige Beschäftigung eines Sonderlings. Sie gehört *mitten hinein in die Arbeit der Bauern*...

Die Städter wundern sich oft über das lange, eintönige Alleinsein unter den Bauern zwischen den Bergen. Doch es ist kein Alleinsein, wohl aber *Einsamkeit*. In den großen Städten kann der Mensch zwar mit Leichtigkeit *so allein* sein wie *kaum irgendwo sonst*. Aber er kann dort nie *einsam sein*. Denn die Einsamkeit hat die ureigene Macht, daß sie uns nicht *vereinzelt*, sondern das ganze Dasein *loswirft* in die weite Nähe des Wesens aller Dinge.

Martin Heidegger, „Warum bleiben wir in der Provinz?" (1934)

Südlich von Tübingen

Bei Hergensweiler nördlich von Lindau

In Oberfranken

Bei Leutkirch in Bayerisch Schwaben

Im bayrischen Alpenvorland nordöstlich des Bannwaldsees

Ich sehe, wie jedermann überzeugt ist, daß ... das meiste so schön wie möglich geordnet und jedenfalls alles, was not tut, längst gefunden und getan sei, kurz daß die beste Saat der Kultur überall teils ausgesät sei, teils in frischem Grün und hier und da sogar in üppiger Blüte stehe. Auf diesem Gebiete gibt es nicht nur Zufriedenheit; hier gibt es Glück und Taumel ...
Die Formen, Farben, Produkte und Kuriositäten aller Zeiten und aller Zonen häuft der Deutsche um sich auf und bringt dadurch jene moderne Jahrmarkts-Buntheit hervor, die seine Gelehrten nun wiederum als das „Moderne an sich" zu betrachten und zu formulieren haben; er selbst bleibt ruhig in diesem Tumult aller Stile sitzen ...
... die Verwechslung in jenem Wahne des Bildungsphilisters (mag) daher rühren, daß er überall das gleichförmige Gepräge seiner selbst wiederfindet und nun aus diesem gleichförmigen Gepräge aller „Gebildeten" auf eine Stileinheit der Bildung, kurz auf eine Kultur schließt. Er nimmt um sich herum lauter gleiche Bedürfnisse und ähnliche Ansichten wahr ...: diese imponierende Gleichartigkeit, dieses nicht befohlene und doch sofort losbrechende *tutti unisono* verführt ihn zu dem Glauben, daß hier eine Kultur walten möge. Aber die systematische und zur Herrschaft gebrachte Philisterei ist deshalb, weil sie System hat, noch nicht Kultur und nicht einmal schlechte Kultur, sondern immer nur das Gegenstück derselben, nämlich dauerhaft begründete Barbarei.
Friedrich Nietzsche, „Unzeitgemäße Betrachtungen. Erstes Stück" (1873)

In München

In München-Schwabing

In München-Schwabing

In der Neuen Pinakothek in München

In der Neuen Pinakothek in München

Daß man aber die ganze Stadt ein neues Athen nennt, ist, unter uns gesagt, etwas ridikül, und es kostet mich viele Mühe, wenn ich sie in solcher Qualität vertreten soll. Dieses empfand ich aufs tiefste in dem Zwiegespräch mit dem Berliner Philister, der, obgleich er schon eine Weile mit mir gesprochen hatte, unhöflich genug war, alles attische Salz im neuen Athen zu vermissen.

„Des", rief er ziemlich laut, „gibt es nur in Berlin. Da nur ist Witz und Ironie. Hier gibt es gutes Weißbier, aber wahrhaftig keine Ironie."

„Ironie haben wir nicht", rief Nannerl, die schlanke Kellnerin, die in diesem Augenblick vorbeisprang, „aber jedes andre Bier können Sie doch haben."

Daß Nannerl die Ironie für eine Sorte Bier gehalten, vielleicht für das beste Stettiner, war mir sehr lieb, und damit sie sich in der Folge wenigstens keine solche Blöße mehr gebe, begann ich folgendermaßen zu dozieren: „Schönes Nannerl, die Ironie is ka Bier, sondern eine Erfindung der Berliner, der klügsten Leute von der Welt, die sich sehr ärgerten, daß sie zu spät auf die Welt gekommen sind, um das Pulver erfinden zu können, und die deshalb eine Erfindung zu machen suchten, die ebenso wichtig und ebenso denjenigen, die das Pulver nicht erfunden haben, sehr nützlich ist ... So, liebes Kind, avanciert alles in dieser Welt, die Dummheit wird Ironie, verfehlte Speichelleckerei wird Satire, natürliche Plumpheit wird kunstreiche Persiflage, wirklicher Wahnsinn wird Humor, Unwissenheit wird brillanter Witz, und du wirst am Ende noch die Aspasia des neuen Athens."

Ich hätte noch mehr gesagt, aber das schöne Nannerl, das ich unterdessen am Schürzenzipfel festhielt, riß sich gewaltsam los, als man von allen Seiten „A Bier! A Bier!" gar zu stürmisch forderte. Der Berliner aber sah aus wie die Ironie selbst, als er bemerkte, mit welchem Enthusiasmus die hohen schäumenden Gläser in Empfang genommen wurden; und indem er auf eine Gruppe Biertrinker hindeutete, die sich den Hopfennektar von Herzen schmecken ließen und über dessen Vortrefflichkeit disputierten, sprach er lächelnd: „Das wollen Athenienser sind?"

Heinrich Heine, „Reisebilder. Reise von München nach Genua" (1828)

Auf dem Viktualienmarkt in München

Das Oktoberfest in München

Das Oktoberfest in München

Bei der „Landshuter Fürstenhochzeit"

Bei der „Landshuter Fürstenhochzeit"

In Niederbayern

In Niederbayern

... daß die Neigung der Deutschen, auf Bergen zu wohnen, an Bergen vorzüglich sich anzusiedeln, so alt sei, daß man diese Neigung wohl nicht mit Unrecht zu dem ursprünglichen Charakter der Nation rechnen könnte. Eine erhabene und edle Neigung! Schon ein Blick von der Höhe, ein Atemzug auf freien Bergen versetzt uns wie in eine andere leichtere Welt ...
Für mich sind nur die Gegenden schön, welche man gewöhnlich rauh und wild nennt; denn nur diese sind erhaben, nur erhabene Gegenden können schön sein, nur diese erregen den Gedanken der Natur. Der Anblick üppiger reicher Fluren erweckt auf eine angenehme Weise zum freudigen Genuß des Lebens, wenn man lang in Städten gefangen saß; diese blühenden Reize der Natur rühren um so kräftiger an unser Herz, je seltener sie genossen werden. Alles ist da nur Gefühl einer angenehmen lieblich Gegenwart, nichts erinnert uns an die große Vergangenheit. Jene Felsen aber, die wie sprechende Denkmale von den alten Kriegen im Reiche der noch wilden Natur da stehen, von den furchtbaren Kämpfen der in ihrer Gestaltung gewaltsam ringenden Erde so deutlich reden, sind ewig schön ...

Friedrich Schlegel, „Briefe von einer Reise" (1805)

Folgende Doppelseite: Blick von der Zugspitze
Blick über den Zugspitzgletscher

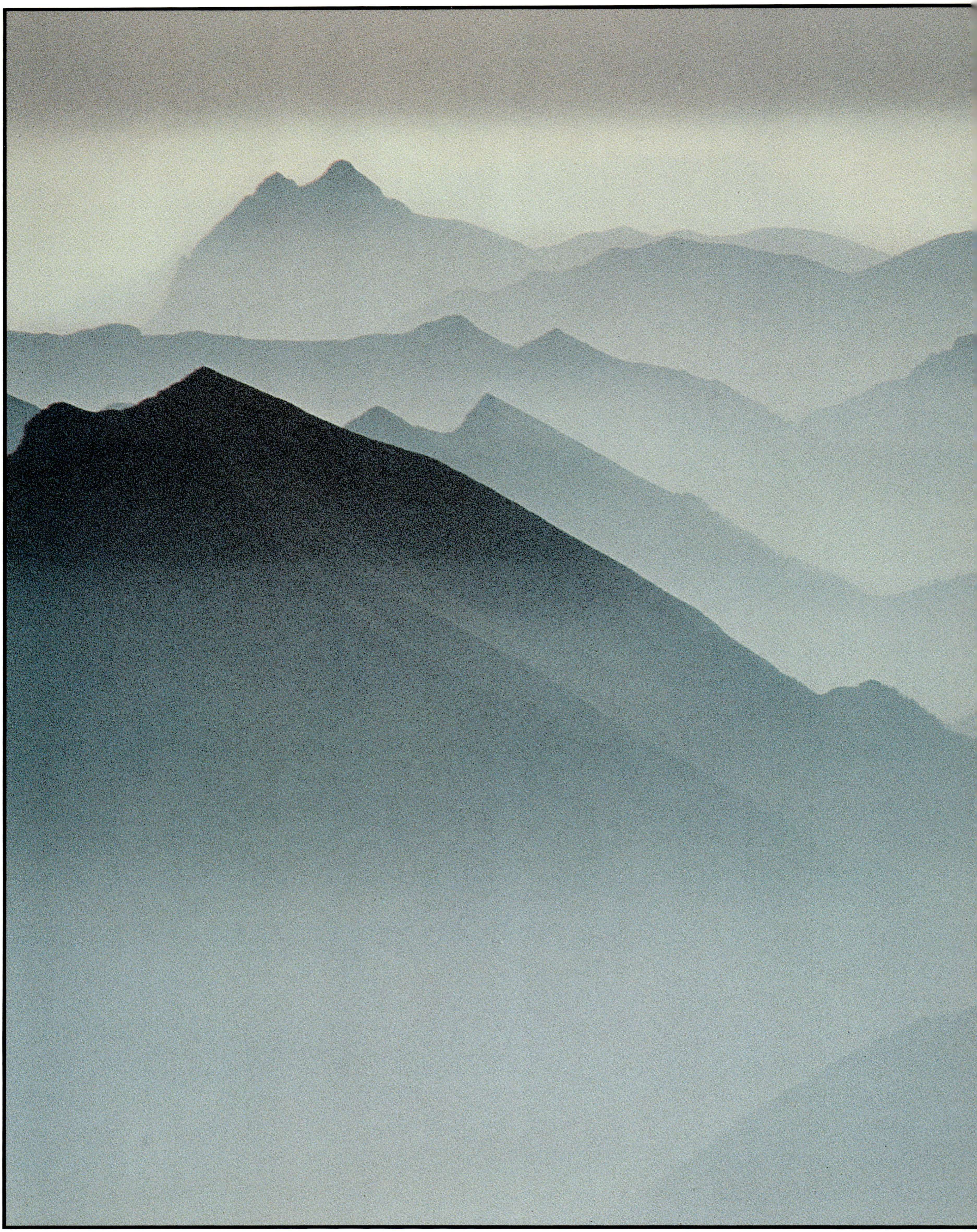

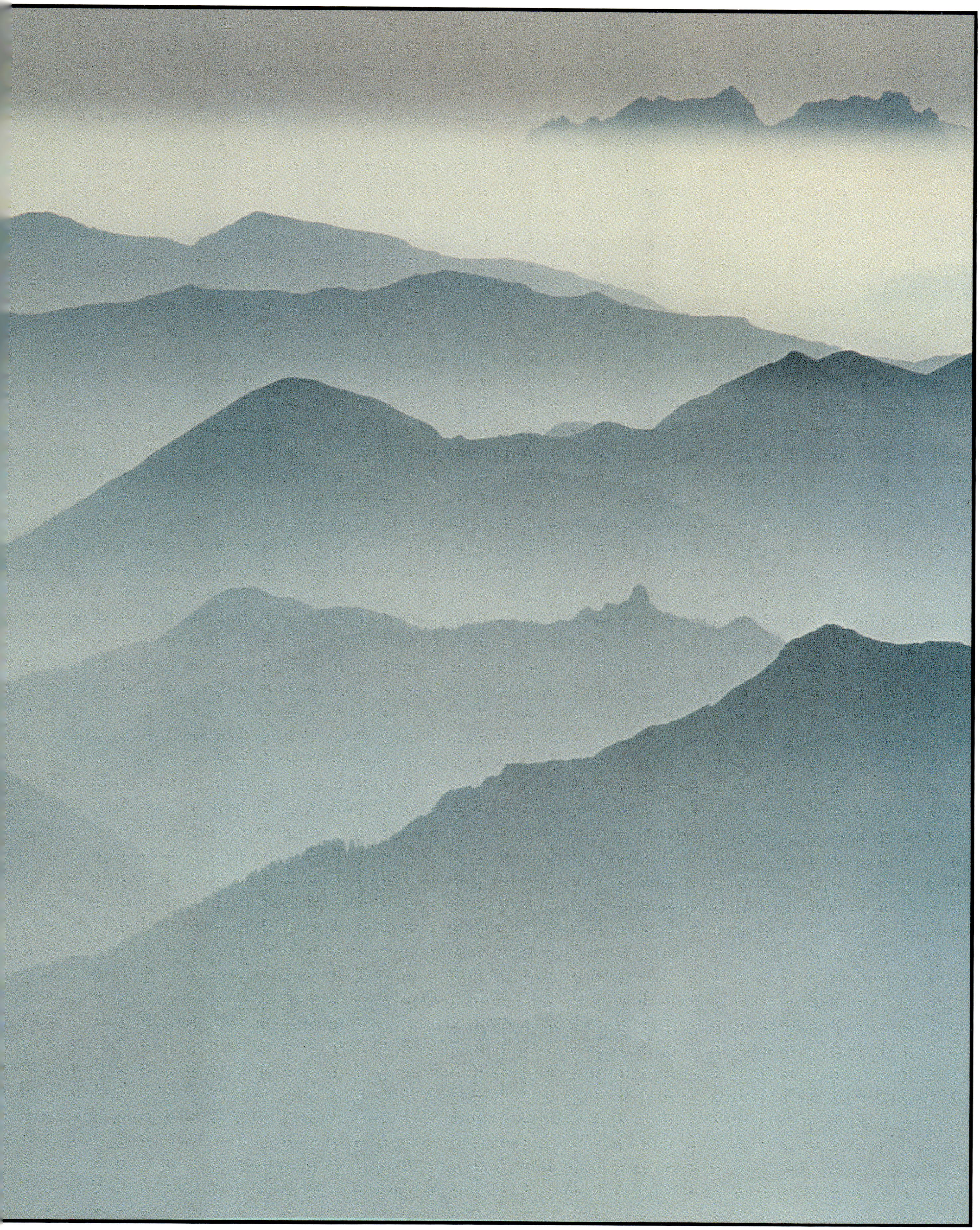

In den Allgäuer Alpen

Im Schwarzwald

Bei Hohenschwangau

Am Eib-See

Das Massensymbol der Deutschen war das *Heer*. Aber das Heer war mehr als das Heer: es war der *marschierende Wald*. In keinem modernen Land der Welt ist das Waldgefühl so lebendig geblieben wie in Deutschland. Das Rigide und Parallele der aufrechtstehenden Bäume, ihre Dichte und ihre Zahl erfüllt das Herz des Deutschen mit tiefer und geheimnisvoller Freude. Er sucht den Wald, in dem seine Vorfahren gelebt haben, noch heute gern auf und fühlt sich eins mit den Bäumen... Heer und Wald waren für den Deutschen, ohne daß er sich darüber im klaren war, auf jede Weise zusammengeflossen. Was anderen am Heer kahl und öde erscheinen mochte, hatte für den Deutschen das Leben und Leuchten des Waldes. Er fürchtete sich da nicht; er fühlte sich beschützt, einer von diesen allen. Das Schroffe und Gerade der Bäume nahm er sich selber zur Regel.

Der Knabe, den es aus der Enge zu Hause in den Wald hinaustrieb, um, wie er glaubte, zu träumen und allein zu sein, erlebte dort die Aufnahme ins Heer voraus. Im Wald standen schon die anderen bereit, die treu und wahr und aufrecht waren, wie er sein wollte, einer wie der andere, weil jeder *gerade* wächst, und doch ganz verschieden an Höhe und an Stärke. Man soll die Wirkung dieser frühen Waldromantik auf den Deutschen nicht unterschätzen. In hundert Liedern und Gedichten nahm er sie auf, und der Wald, der in ihnen vorkam, hieß oft „deutsch".

Der Engländer sah sich gern *auf dem Meer;* der Deutsche sah sich gern *im Wald;* knapper ist, was sie in ihrem nationalen Gefühl trennte, schwerlich auszudrücken.

Elias Canetti, „Masse und Macht" (1960)

Folgende Doppelseite: Die Ammer von der Echelsbacher Brücke
Bei Schongau

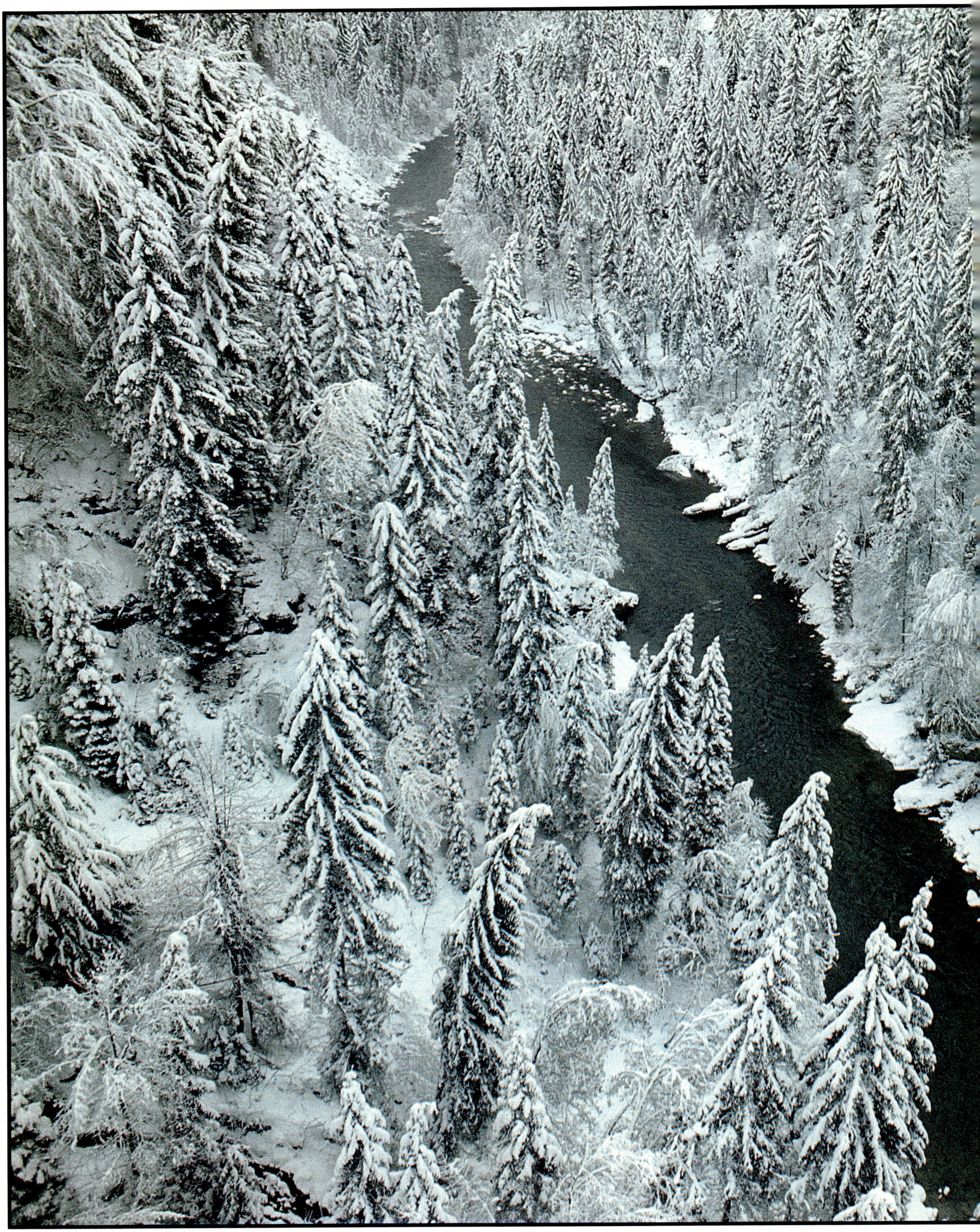

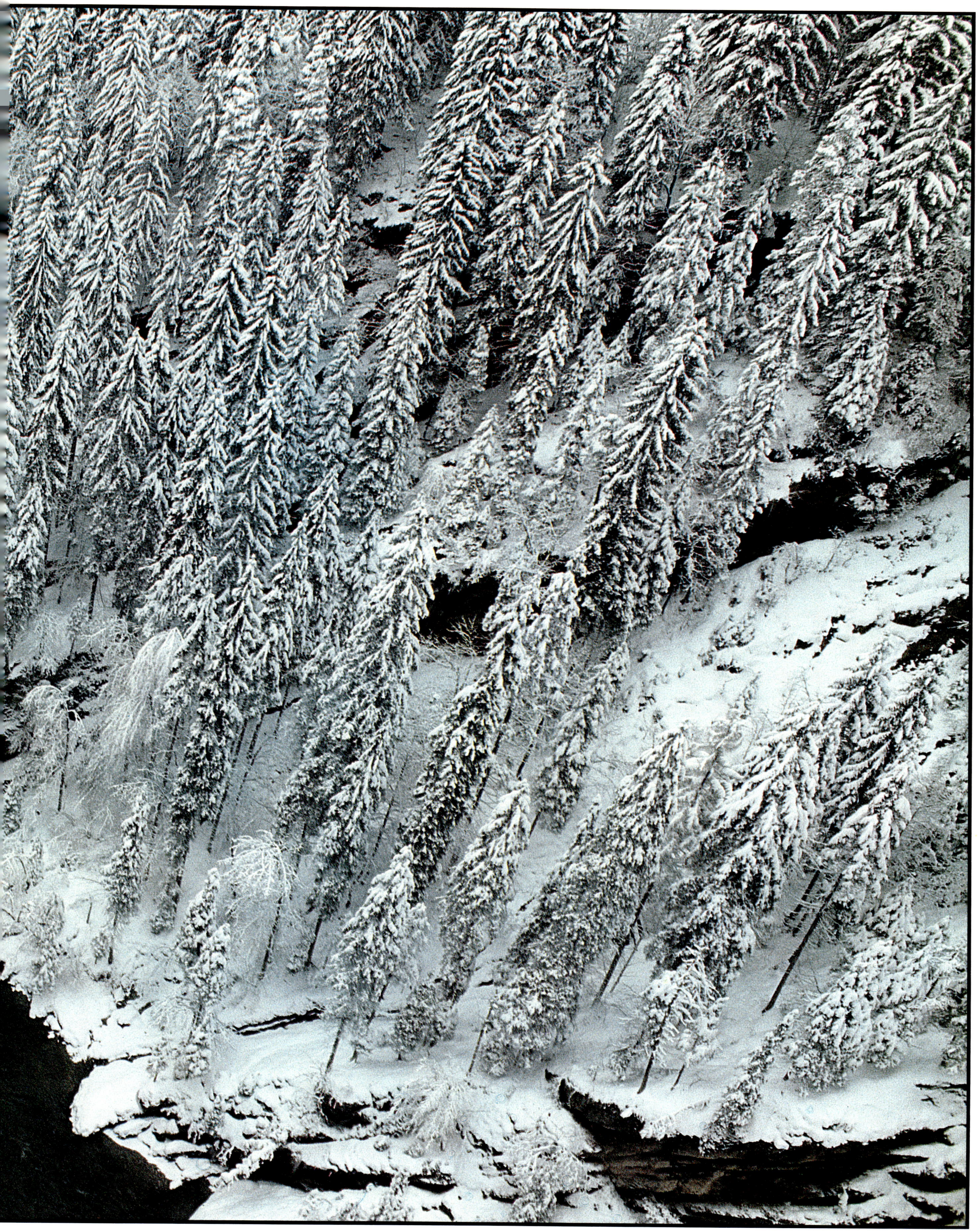

Am Chiemsee

Der Chiemsee

In Herrsching am Ammersee

Seite 27
Bei Heiligenhafen (Schleswig-Holstein)
Minolta XD 7, Minolta Shift-CA 2.8/35 mm
KODAK Ektachrome 64 Film

Seite 28
Bei Schönberg an der Ostsee (Schleswig-Holstein)
Minolta X 700, Minolta MD-Macro 3.5/50 mm
KODAK Ektachrome 64 Film

Seite 29
Bei Schönberg an der Ostsee (Schleswig-Holstein)
Minolta X 700, Minolta MD-Macro 3.5/50 mm
KODAK Ektachrome 64 Film

Seite 30
An der Außenalster in Hamburg
Minolta X 500, Minolta MD VFC 2.8/24 mm
KODAK Ektachrome 64 Film

Seite 31
In Kalifornien an der Ostsee (Schleswig-Holstein)
Minolta XD 7, Minolta MD-Macro 3.5/50 mm
KODAK Ektachrome 64 Film

Seite 32
Bei List auf Sylt (Schleswig-Holstein)
Minolta XM, Minolta MD-Apo 5.6/400 mm
KODACHROME 64 Film

Seite 33
Bei St. Peter-Ording (Schleswig-Holstein)
Minolta XM, Minolta MD 1.2/50 mm
KODAK Ektachrome 64 Film

Seite 35
Hamburger Hallig (Schleswig-Holstein)
Minolta XD 7, Minolta RF 8/500 mm
KODACHROME 64 Film

Seite 36
Bei Pilsum in Ostfriesland (Schleswig-Holstein)
Minolta XM, Minolta MD 2.8/20 mm
KODAK Ektachrome 64 Film

Seite 37
Bei Pilsum in Ostfriesland (Schleswig-Holstein)
Minolta XM, Minolta MD 2.8/20 mm
KODAK Ektachrome 64 Film

Seite 38/39
Bei Hörnum auf Sylt (Schleswig-Holstein)
Minolta XD 7, Minolta Shift-CA 2.8/35 mm
KODAK Ektachrome 64 Film

Seite 41
Blick vom Altonaer Fischmarkt in Hamburg
Minolta XM, Minolta MD 2.0/135 mm
KODAK Ektachrome 200 Film

Seite 42
Am Altonaer Fischmarkt in Hamburg
Minolta XM, Minolta MD 2.8/200 mm
KODAK Ektachrome 400 Film

Seite 43
Altonaer Fischmarkt am St. Pauli-Ufer in Hamburg
Minolta XM, Minolta MD 2.0/135 mm
KODAK Ektachrome 200 Film

Seite 44
Im Duisburger Hafen (Nordrhein-Westfalen)
Minolta X 700, Minolta MD 2.0/135 mm
KODAK Ektachrome 200 Film

Seite 45
Hamburger Hafen vom St. Pauli-Ufer
Minolta XM, Minolta Shift-CA 2.8/35 mm
KODACHROME 64 Film

Seite 46/47
Die Nordsee vor Westerland auf Sylt (Schleswig-Holstein)
Minolta X 700, Minolta MD VFC 2.8/24 mm
KODAK Ektachrome 64 Film

Seite 48
Frische Fische bei Burgstaaken auf Fehmarn (Schleswig-Holstein)
Minolta XD 7, Minolta MD-Macro 3.5/50 mm
KODAK Ektachrome 200 Film

Seite 49
Im Hafen von Burgstaaken auf Fehmarn
Minolta XD 7, Minolta MD-APO 5.6/400 mm
KODAK Ektachrome 200 Film

Seite 51
Niedersächsischer Landarbeiter
Minolta X 700, Minolta MD 2.0/85 mm
KODACHROME 64 Film

Seite 52
Bauernhof im Kreis Rendsburg (Schleswig-Holstein)
Minolta XM, Minolta Shift-CA 2.8/35 mm
KODAK Ektachrome 64 Film

Seite 53
Landschaft bei Oldenburg (Schleswig-Holstein)
Minolta XD 7, Minolta MD-APO 5.6/400 mm
KODAK Ektachrome 64 Film

Seite 54
Bei Grömitz in Schleswig-Holstein
Minolta XD 7, Minolta RF 8/500 mm
KODAK Ektachrome 200 Film

Seite 55
In Schuby bei Schleswig
Minolta X 700, Minolta MD 2.0/135 mm
KODACHROME 25 Film

Seite 57
DDR-Grenze südlich von Duderstadt (Niedersachsen)
Minolta X 700, Minolta MD 2.8/20 mm
KODAK Ektachrome 64 Film

Seite 58
Die Siegessäule in Berlin
Minolta X 700, Minolta MD 2.8/200 mm
KODACHROME 25 Film

Seite 59
Im Märkischen Viertel in Berlin
Minolta XM, Minolta Shift-CA 2.8/35 mm
KODAK Ektachrome 64 Film

Seite 61
Studenten in Bonn (Nordrhein-Westfalen)
Minolta XM, Minolta MD 2.8/200 mm
KODAK Ektachrome 64 Film

Seite 62
Geschäft während der Bonner Friedensdemonstration 1981 (Nordrhein-Westfalen)
Minolta XM, Minolta MD 2.8/135 mm
KODACHROME 64 Film

Seite 63
Friedensdemonstrantin
Minolta XM, Minolta MD 2.8/200 mm
KODAK Ektachrome 200 Film

Seite 64
Friedensdemonstration im Bonner Hofgarten (Nordrhein-Westfalen)
Minolta XM, Minolta MD 2.8/135 mm
KODAK Ektachrome 200 Film

Seite 65
Beethoven-Denkmal am Münster-Platz in Bonn (Nordrhein-Westfalen)
Minolta XM, Minolta MD 2.8/200 mm
KODAK Ektachrome 64 Film

Seite 67
Kölner Karneval (Nordrhein-Westfalen)
Minolta XM, Minolta MD 2.8/135 mm
KODAK Ektachrome 64 Film

Seite 68
Kölner Karneval (Nordrhein-Westfalen)
Minolta XM, Minolta MD 2.8/200 mm
KODACHROME 64 Film

Seite 69
Kölner Karneval (Nordrhein-Westfalen)
Minolta XM, Minolta MD 2.8/200 mm
KODAK Ektachrome 64 Film

Seite 71
Ruderbewerb in Fühlingen bei Köln (Nordrhein-Westfalen)
Minolta XD 7, Minolta MD 1.2/50 mm
KODAK Ektachrome 64 Film

Seite 72
Der Rhein bei Bingen (Rheinland-Pfalz)
Minolta X 700, Minolta MD-Macro 3.5/50 mm
KODAK Ektachrome 64 Film

Seite 73
Bei Xanten am Niederrhein (Nordrhein-Westfalen)
Minolta X 700, Minolta MD 2.8/200 mm
KODACHROME 25 Film

Seite 74/75
Der Rhein bei Boppard und Bornhofen (Rheinland-Pfalz)
Minolta X 700, Minolta MD 2.0/135 mm
KODACHROME 64 Film

Seite 77
Im südlichen Ruhrgebiet bei Remscheid (Nordrhein-Westfalen)
Minolta XM, Minolta Shift-CA 2.8/35 mm
KODAK Ektachrome 64 Film

Seite 78/79
Zwischen Hamm und Werne (Nordrhein-Westfalen)
Minolta XM, Minolta Shift-CA 2.8/35 mm
KODAK Ektachrome 64 Film

Seite 80
In Duisburg (Nordrhein-Westfalen)
Minolta XM, Minolta Shift-CA 2.8/35 mm
KODAK Ektachrome 64 Film

Seite 81
In Dortmund (Nordrhein-Westfalen)
Minolta X 700, Minolta MD 2.0/85 mm
KODAK Ektachrome 64 Film

Seite 82
„Tag des ausländischen Mitbürgers" in Fürth (Bayern)
Minolta XD 7, Minolta MD 2.8/135 mm
KODAK Ektachrome 64 Film

Seite 83
„Tag des ausländischen Mitbürgers" in Fürth (Bayern)
Minolta XD 7, Minolta MD 2.8/200 mm
KODAK Ektachrome 64 Film

Seite 84
Das Schauspielhaus in Düsseldorf (Nordrhein-Westfalen)
Minolta XM, Minolta Shift-CA 2.8/35 mm
KODAK Ektachrome 64 Film

Seite 85
Kirmes in Düsseldorf-Oberkassel (Nordrhein-Westfalen)
Minolta XM, Minolta Shift-CA 2.8/35 mm
KODACHROME 64 Film

Seite 86
In München (Bayern)
Minolta X 700, Minolta MD 2.8/200 mm
KODACHROME 64 Film

Seite 87
In Hannover (Niedersachsen)
Minolta X 700, Minolta MD 2.8/200 mm
KODAK Ektachrome 64 Film

Seite 88
In Düsseldorf (Nordrhein-Westfalen)
Minolta XM, Minolta MD 2.8/135 mm
KODACHROME 64 Film

Seite 89
In Düsseldorf (Nordrhein-Westfalen)
Minolta XM, Minolta MD 2.8/135 mm
KODACHROME 64 Film

Seite 90
U-Bahn in Bonn (Nordrhein-Westfalen)
Minolta XM, Minolta MD VFC 2.8/24 mm
KODAK Ektachrome 64 Film

Seite 91
An einem Fabriktor bei Stuttgart (Baden-Württemberg)
Minolta X 700, Minolta MD 2.8/200 mm
KODAK Ektachrome 64 Film

Seite 92/93
Rathaus und Münster in Essen (Nordrhein-Westfalen)
Minolta X 700, Minolta MD 2.8/200 mm
KODAK Ektachrome 64 Film

Seite 94
In Frankfurt (Hessen)
Minolta XD 7, Minolta 2.8/135 mm
KODACHROME 64 Film

Seite 95
Vor dem Frankfurter Römer (Hessen)
Minolta XM, Minolta MD-Macro 3.5/50 mm
KODAK Ektachrome 64 Film

Seite 97
Deutsches Turnfest in Frankfurt (Hessen)
Minolta X 700, Minolta MD VFC 2.8/24 mm
KODAK Ektachrome 64 Film

Seite 98/99
Deutsches Turnfest im Frankfurter Waldstadion (Hessen)
Minolta X 700, Minolta MD-Macro 3.5/50 mm
KODAK Ektachrome 64 Film

Seite 100
Vom Deutschen Turnfest in Frankfurt (Hessen)
Minolta X 700, Minolta MD VFC 2.8/24 mm
KODAK Ektachrome 64 Film

Seite 101
Vom Deutschen Turnfest in Frankfurt
Minolta X 700, Minolta MD 2.8/200 mm
KODAK Ektachrome 64 Film

Seite 103
An der Mosel (Rheinland-Pfalz)
Minolta XD 7, Minolta MD 2.8/135 mm
KODACHROME 25 Film

Seite 104/105
In Freudenberg bei Siegen (Nordrhein-Westfalen)
Minolta XM, Minolta MD 2.8/200 mm
KODAK Ektachrome 64 Film

Seite 106
Bei Schwalbach im Saarland
Minolta XM, Minolta MD-Macro 3.5/50 mm
KODACHROME 64 Film

Seite 107
Im Allgäu (Bayern)
Minolta XD 7, Minolta MD-Macro 3.5/50 mm
KODAK Ektachrome 64 Film

Seite 108/109
In der Holledau von Ingolstadt (Bayern)
Minolta XM, Minolta Shift-CA 2.8/35 mm
KODAK Ektachrome 64 Film

Seite 110
Bei Waldmünchen im Bayerischen Wald
Minolta XM, Minolta Shift-CA 2.8/35 mm
KODAK Ektachrome 64 Film

Seite 111
Bei Neukirchen nördlich von Passau (Bayern)
Minolta XD 7, Minolta MD 1.2/50 mm
KODAK Ektachrome 64 Film

Seite 112
In Maulbronn bei Pforzheim (Baden-Württemberg)
Minolta X 700, Minolta MD 1.2/50 mm
KODAK Ektachrome 64 Film

Seite 113
In Attenweiler nördlich von Biberach (Baden-Württemberg)
Minolta X 700, Minolta MD 2.0/135 mm
KODAK Ektachrome 64 Film

Seite 114
Fronleichnam in Chieming in Oberbayern
Minolta XM, Minolta MD 2.8/200 mm
KODACHROME 64 Film

Seite 115
Tracht in Baden-Baden (Baden-Württemberg)
Minolta X 700, Minolta MD 2.0/135 mm
KODAK Ektachrome 64 Film

Seite 117
Bei Stuttgart (Baden-Württemberg)
Minolta X 700, Minolta MD 2.0/135 mm
KODAK Ektachrome 64 Film

Seite 118
Bei Daimler-Benz in Sindelfingen (Baden-Württemberg)
Minolta X 700, Minolta MD 2.0/135 mm
KODAK Ektachrome 64 Film

Seite 119
Bei Daimler-Benz in Sindelfingen
Minolta X 700, Minolta MD 2.8/200 mm
KODAK Ektachrome 200 Film

Seite 121
Der Weinstadel an der Pegnitz in Nürnberg (Bayern)
Minolta XM, Minolta Shift-CA 2.8/35 mm
KODAK Ektachrome 64 Film

Seite 122
Christkindlesmarkt in Nürnberg (Bayern)
Minolta XD 7, Minolta MD 2.0/85 mm
KODACHROME 64 Film

Seite 123
Christkindlesmarkt in Nürnberg (Bayern)
Minolta XD 7, Minolta MD 2.0/85 mm
KODACHROME 64 Film

Seite 125
Südlich von Tübingen (Baden-Württemberg)
Minolta XM, Minolta Shift-CA 2.8/35 mm
KODAK Ektachrome 64 Film

Seite 126
Bei Hergensweiler nördlich von Lindau (Bayern)
Minolta XM, Minolta Shift-CA 2.8/35 mm
KODAK Ektachrome 64 Film

Seite 127
In Oberfranken (Bayern)
Minolta XD 7, Minolta MD VFC 2.8/24 mm
KODAK Ektachrome 64 Film

Seite 128
Bei Leutkirch in Bayerisch Schwaben (Bayern)
Minolta X 700, Minolta MD 2.8/200 mm
KODACHROME 64 Film

Seite 129
Im bayrischen Alpenvorland nordöstlich des Bannwaldsees (Bayern)
Minolta XM, Minolta Shift-CA 2.8/35 mm
KODAK Ektachrome 64 Film

Seite 131
In München (Bayern)
Minolta XD 7, Minolta MD 2.8/135 mm
KODAK Ektachrome 64 Film

Seite 132
In München-Schwabing (Bayern)
Minolta XD 7, Minolta MD 2.8/200 mm
KODACHROME 64 Film

Seite 133
In München-Schwabing (Bayern)
Minolta XD 7, Minolta MD 2.8/200 mm
KODACHROME 64 Film

Seite 134
In der Neuen Pinakothek in München
Minolta XM, Minolta Shift-CA 2.8/35 mm
KODACHROME 64 Film

Seite 135
In der Neuen Pinakothek in München
Minolta XM, Minolta Shift-CA 2.8/35 mm
KODACHROME 64 Film

Seite 137
Auf dem Viktualienmarkt in München
Minolta X 700, Minolta MD 2.8/200 mm
KODAK Ektachrome 64 Film

Seite 138
Das Oktoberfest in München (Bayern)
Minolta XM, Minolta MD 2.8/200 mm
KODAK Ektachrome 160 Film

Seite 139
Das Oktoberfest in München
Minolta XM, Minolta Shift-CA 2.8/35 mm
KODAK Ektachrome 64 Film

Seite 140 und 141
Bei der „Landshuter Fürstenhochzeit" (Bayern)
Minolta XM, Minolta MD 2.8/200 mm
KODAK Ektachrome 200 Film

Seite 142
In Niederbayern
Minolta XM, Minolta MD 2.8/200 mm
KODAK Ektachrome 64 Film

Seite 143
In Niederbayern
Minolta XM, Minolta Shift-CA 2.8/35 mm
KODAK Ektachrome 64 Film

Seite 145
Blick über den Zugspitzgletscher (Bayern)
Minolta X 700, Minolta MD 2.0/135 mm
KODAK Ektachrome 64 Film

Seite 146/147
Blick von der Zugspitze (Bayern)
Minolta X 700, Minolta MD 2.8/200 mm
KODAK Ektachrome 64 Film

Seite 148
In den Allgäuer Alpen (Bayern)
Minolta X 700, Minolta MD 3.5/50 mm
KODAK Ektachrome 64 Film

Seite 149
Im Schwarzwald (Baden-Württemberg)
Minolta X 700, Minolta MD 2.8/200 mm
KODACHROME 64 Film

Seite 150
Bei Hohenschwangau (Bayern)
Minolta X 700, Minolta MD 2.8/20 mm
KODAK Ektachrome 64 Film

Seite 151
Am Eib-See (Bayern)
Minolta XD 7, Minolta MD VFC 2.8/24 mm
KODAK Ektachrome 64 Film

Seite 153
Bei Schongau (Bayern)
Minolta XM, Minolta MD VFC 2.8/24 mm
KODACHROME 64 Film

Seite 154/155
Die Ammer von der Echelsbacher Brücke (Bayern)
Minolta XD 7, Minolta MD VFC 2.8/24 mm
KODAK Ektachrome 64 Film

Seite 156
Am Chiemsee (Bayern)
Minolta XD 7, Minolta 2.8/135 mm
KODAK Ektachrome 64 Film

Seite 157
Der Chiemsee (Bayern)
Minolta XD 7, Minolta 2.0/85 mm
KODAK Ektachrome 64 Film

Seite 158
In Herrsching am Ammersee (Bayern)
Minolta XM, Minolta Shift-CA 2.8/35 mm
KODAK Ektachrome 64 Film

Titelfoto:
Freudenberg/Siegen (Nordrhein-Westfalen)
Minolta XM, Minolta Shift-CA 2.8/35 mm
KODAK Ektachrome 64 Film